法学教育教学改革与人才培养研究

李敬 著

北京工业大学出版社

图书在版编目（CIP）数据

法学教育教学改革与人才培养研究 / 李敬著．— 北京：北京工业大学出版社，2021.12（2022.10 重印）

ISBN 978-7-5639-8216-5

Ⅰ．①法… Ⅱ．①李… Ⅲ．①法学教育－教学改革－研究－高等学校－中国②法学教育－人才培养－研究－高等学校－中国 Ⅳ．①D92-4

中国版本图书馆 CIP 数据核字（2021）第 260547 号

法学教育教学改革与人才培养研究

FAXUE JIAOYU JIAOXUE GAIGE YU RENCAI PEIYANG YANJIU

著　　者： 李　敬
责任编辑： 李俊焕
封面设计： 知更壹点
出版发行： 北京工业大学出版社
（北京市朝阳区平乐园 100 号　邮编：100124）
010-67391722（传真）　bgdcbs@sina.com
经销单位： 全国各地新华书店
承印单位： 三河市元兴印务有限公司
开　　本： 710 毫米 ×1000 毫米　1/16
印　　张： 10.5
字　　数： 210 千字
版　　次： 2021 年 12 月第 1 版
印　　次： 2022 年 10 月第 2 次印刷
标准书号： ISBN 978-7-5639-8216-5
定　　价： 68.00 元

作者简介

李敬，生于1987年6月，女，汉族，湖北省襄阳市人。博士研究生，讲师，研究方向为法学。

前　言

当前时代的进步带动社会各领域的发展，作为社会发展的重要保障，法学在各领域一直处于重要的地位。随着依法治国理念的持续深化，高等教育体系中的法学教育得以快速发展，为经济社会的高质量发展输送了大批高素质、专业型法学人才，成为推进法治社会建设的重要力量。如何立足当前实际，构建切实有效的法学教育人才培养模式，成为高等教育业内广泛关注的重要课题之一。

全书共七章。第一章为绪论，主要阐述了法学基本理论、法学教育的一般原理、法学教育教学的目标等内容；第二章为法学教育教学改革的历程，主要阐述了法学教育教学的初创期、法学教育教学的成长期、法学教育教学的成熟期等内容；第三章为国外法学教育及其对我国法学教育的启示，主要阐述了德国的法学教育、日本的法学教育、美国的法学教育、英国的法学教育、我国法学教育教学存在的问题、国外法学教育对我国法学教育的启示、法学教育国际化发展路径等内容；第四章为法学教育教学模式的改革，主要阐述了法学教育教学模式的发展历史、现行法学教育教学模式存在的问题、法学教育教学模式的革新等内容；第五章为法学实践课程教学的改革，主要阐述了法学实践课程教学的发展状况、法学实践课程教学改革的意义、法学实践课程教学改革的策略等内容；第六章为法学教育人才培养模式，主要阐述了法学专业人才的素质构成、法学教育人才培养模式的问题、新型法学教育人才培养模式的构建等内容。

为了确保研究内容的丰富性和多样性，笔者在写作过程中参考了大量理论与研究文献，在此向涉及的专家、学者表示衷心的感谢。

限于笔者水平，本书难免存在一些不足，在此恳请同行专家和读者朋友批评指正！

目　录

第一章 绪 论

法学教育有着特定的时代背景，中国法学教育要为推进中国的民主与法治实践服务，这也就意味着中国法学教育应当致力于培养构成中国法治基础并能推动中国法治进程的法律共同体的力量。本章分为法学基本理论、法学教育的一般原理、法学教育教学的目标三部分，主要包括法学的界定、法学的历史、法学教育的内涵、法学教育的性质、法学教育的基本原理、我国法学教育目标等内容。

第一节 法学基本理论

一、法学的界定

（一）法学的概念

法学是法律科学的简称，其词源历史悠久，但中国与西方不同。

关于法律和法律问题的研究，在我国先秦时期称为“刑名法术之学”或“刑名之学”，汉代开始有“律学”。刑名法术之学主要强调定分与正名，着重对“刑”“名”进行辨析。律学主要是对当时的律、例进行注释，关注法律的应用技术，而不关注正义等价值问题。我国古代“法学”一词最早出现于南北朝时期。《南齐书·孔稚珪传》曾引孔稚的一句话：“寻古之名流，多有法学。”唐代白居易也曾向皇帝建议“悬法学为上科”。然而，孔、白二人所用的“法学”的含义，仍然接近于律学。总的来说，在中国，法学或法律科学的名称直到19世纪末20世纪初西学东渐、西方文化大量传入时才广泛使用。

在西方，法学一词源远流长，正如“法”一词一样，“法学”这一词语的拉丁文——jurisprudentia早在公元前3世纪末罗马共和国时期就已经出现，该词由jus（法律、正义、权利）和providere（先见、知识、聪明）两词合成，表示有系统、有组织的法律知识、法律学问、法律技术。到了公元2世纪罗马帝国前期，该词已被广泛使用。当时罗马的五大法学家之一——乌尔比安说："法学是关于神事和人事的知识，正与不正的学问。"后来，随着罗马法的复兴，拉丁文 jurisprudentia 这一词语在欧洲各国广泛传播。德文、法文、英文及西班牙文等都是在该词基础上发展出各自指称法学的词汇，并且其含义日渐深刻，内容不断丰富。

当今，我国对法学的理解主要存在以下两种理解方式。

第一，法学是指法学学科。根据中华人民共和国教育部（以下简称"教育部"）的相关文件规定，我国高校主要有 12 种学科门类，分别是哲学、经济学、法学、教育学、文学、历史学、理学、工学、农学、医学、军事学、管理学。法学是高校开设学科中的一个大类。法学学科包括法学类、政治学类、社会学类、民族学类、马克思主义理论类、公安学类。

第二，法学是指法学科学。法学又称法律学、法律科学，是人文社会科学中的一个相对独立的学科，是以法律、法律现象及其规律性为研究内容的科学，是一门关于社会共同生活的规范科学。

（二）法学的学科属性

恩格斯在《自然辩证法》一文中说过："每一个时代的理论思维，包括我们这个时代的理论思维，都是一种历史的产物，它在不同的时代具有完全不同的形式，同时具有完全不同的内容。"

在人类社会的早期，人类的思维具有朴素性、直观性、经验性，事物之间的总的联系没有从细节上加以证明，因而那时候是没有学科分类的。随着改造自然和社会的能力和水平的提高，人类对自然、社会和人自身的认识越来越深刻、越来越宽广，知识累积得越来越多、越来越细，渐渐有了对不同对象、不同领域的认识和研究的分工，学科也分别形成和发展。基于研究对象、研究方法和意识形态等多因素的维度，可以将现代科学分为自然科学和社会科学两大领域。

所谓自然科学，是指研究自然界各种物质的形态、结构、性质及其运动规律的科学。它有广义和狭义之分。广义的划分包括物理学、数学、化学、天文学、气象学、海洋学、地质学、生物学、生理学等基础科学以及材料科学、能源科学、空间科学、农业科学、医学科学等应用技术科学；狭义的划分仅指基础科学，即人们常说的理学部分，其他应用技术科学被分为工学、农学、医学等。

社会科学是以社会现象为研究对象的科学，其任务是研究与阐述各种社会现象及其发展规律。在我国，社会科学的一级学科主要有马克思主义、党史党建、哲学、宗教学、语言学、文学、艺术学、历史学、考古学、经济学（理论经济学、应用经济学）、统计学、管理学、政治学、法学、社会学、民族学、新闻与传播学、图书情报与文献学、教育学、体育学、心理学、国际问题研究等。

由上面的学科分类可知，法学被分到社会科学之下，也就是说，法学是一门社会科学而不是自然科学。具体而言，无论是研究对象，还是研究方法，抑或精神底蕴，法学与自然科学都是不同的。

1. 法学的研究对象相异于自然科学的研究对象

法学的研究对象即法律现象，是一种受人的主观意志影响和支配的社会现象，它虽然受到社会必然性的支配，但同时受到许多偶然因素的制约，在不同时代、不同国家、不同社会，法律现象有不同的形态和特征。在阶级社会，法律是统治阶级意志的集中反映，担负着为统治阶级利益服务的职能。因此，法学具有阶级性，具有意识形态特征，它不可能像自然科学一样具有超越时空的真理性、精确性。

自然科学的研究对象即客观事物是一种自在的自然现象，客观事物的本质和特征不会因不同社会或不同国家而不同，它可以为任何阶级或社会集团所认识和掌握。因此，自然科学本身不具有意识形态特征，可以被任何国家、任何社会、任何社会集团利用。当然，不同国家、不同社会集团对自然科学的利用可能产生不同的结果。爱因斯坦曾经告诫我们："科学是一种强有力的工具。怎样用它，究竟是给人带来幸福还是带来灾难，全取决于人类自己，而不取决于工具。刀子在人类生活中是有用的，但它也能用来杀人。"

2. 法学的研究方法不同于自然科学的研究方法

研究方法是研究者发现问题、分析问题、解决问题的工具和手段。研究方法的重要性，可以从毛泽东的下列观点中得到说明："我们不但要提出任务，而且要解决完成任务的方法问题。我们的任务是过河，但是没有桥或没有船就不能过。不解决桥或船的问题，过河就是一句空话。不解决方法问题，任务也只是瞎说一顿。"问题不同，则任务相异，进而所运用的研究方法也会存在区别。

法学研究多采用社会调查、定性分析、价值分析、历史分析等社会科学方法。自然科学研究多采用科学实验、定量分析、假设与实证、数理逻辑等方法。虽然出现了在法学研究中适度地引进某些自然科学方法或某些方法的原则和精神的探讨和尝试，但是毕竟法学研究不同于自然科学研究，如果不顾这种区别而盲目地将自然科学方法生搬硬套到法学研究中，是很难有所收获的。例如，可重复性是实验方法的根本特征，在相同的实验条件下重复某项实验，其结果不会因人、因时、因地而异。社会现象因时间和地点的不同也会有所不同，如果将实验方法用到法学研究中则很难得出正确的结论。又如，由于社会现象及其运动形式较自然界有更复杂的情形，尽管其有着内在的量化关系，但这种量化关系是极不分明和不确定的，许多观察因素是极不稳定的。因此在法学研究中应尽量采用定性分析方法。

3. 法学精神底蕴有别于自然科学精神底蕴

一种制度、一种行动、一门科学作为一种现实的存在，都具有一定的精神底蕴。法学以人文精神为底蕴，侧重“求善”，以实现公平正义为最高价值。美国法学家菲尔德指出：“法律科学是防止司法正义被践踏、被滥用的最大的保障，如果司法判决仅仅取决于法官的意志和他对于正义的观念，那么我们的财产和生命就会受到反复无常的随意性很强的判决的威胁。”

自然科学以科学精神为底蕴，侧重“求真”，以发现客观真理为基本目标。爱因斯坦强调：“科学作为一种现存的和完成的东西，是人们所知道的最客观的、同人无关的东西。”科学不是人们在空洞的逻辑推演中的意外发现，也不是人们毫无依据的奇思妙想，它源于自然，以自然的本质和规律为内容。

（三）法学的特征

法学作为一门社会科学，有其自身的学科特点。

第一，法学的研究对象是法与法律现象。法学始终与法律相关，与法律现象相关，所涉及的问题主要是法律问题，不同于自然科学、人文科学和其他社会科学。

第二，法学的研究内容非常丰富多样，涉及法律现象的方方面面。有人认为，法学既然是以法的现象及其规律为研究对象的一门系统的科学，必须对其研究对象进行全方面的研究。既要考察研究法的产生、发展及其规律，又要比较研究各种不同的法律制度，它们的性质、特点以及它们的相互关系；既要研究法的内部联系和调整机制等，又要研究法与其他社会现象的联系、区别及其相互作用；既要对法进行静态分析，又要对法进行动态研究。有人认为，法学研究的内容是法律的内在方面和外在方面；有人认为，法学研究法律的事实、形式、价值。

第三，法学的实践性非常强，应用性非常突出，具有现实性、务实性的特点。法是调整人们行为的规则。以法为研究对象的法学必然具有实践性的特征，即它来源于社会实践，又为社会实践服务。

第四，法学与人的经验、知识、智能、理性密切相关，是人的法律经验、知识、智能、理性的综合体现，是经验与理性的统一，既具有一般的感性经验色彩，也具有抽象思辨的特点。

第五，法学与法律职业的专门化、职业化密切相关，与专门法学家的存在密切相关，具有专门性、职业性的特点。法学在实践中产生，其发展也是为了指导法律实践。

第六，法学具有阶级性。法学是社会科学中一门具有政治性、阶级性的科学，它总是体现一定阶级和不同社会集团的世界观、价值观以及其经济的、政治的实际利益需要。历史上出现过四种为不同阶级利益服务的、体现不同意识形态的法学，即奴隶主阶级的法学、封建地主阶级的法学、资产阶级的法学和无产阶级的法学。

（四）法学的体系

法学是以法律现象为研究对象的社会科学，而法律现象是丰富多彩的，因而法学研究的对象和范围十分广泛。对不同的法律现象及其规律进行研究，形成了不同的法学分支学科。由互不相同但又互有联系的法学分支学科所构成的有机体系，就是法学体系。可见，法学是由诸多分支学科所组成的有机联系的统一整体。依据不同的标准，可以对法学分支学科进行不同的分类。

1. 理论法学和应用法学

这是从认识论角度对法学进行的分类。

理论法学是以法律现象的共同问题和一般规律为研究对象的法学分支学科，具有以下基本特征。

①宏观性。理论法学侧重于对法学知识的探讨，侧重于对法律产生和发展的普遍规律的研究，它的基本原理对各应用法学具有宏观的指导意义。

②概括性。理论法学是对应用法学有关知识的概括和总结，它的基本范畴、基本原理来源于各应用法学的范畴和原理。

③普遍性。理论法学的基本原理、基本理论是各应用法学普遍适用的。正因为理论法学具有这些特征，因而在法学体系中居于基础性地位，对应用法学具有指导作用。

理论法学有自己的分支系统，主要有法理学、法史学和比较法学等。法理学研究法的一般理论，研究法学和法律实践中具有根本性、基础性、主导性的问题，它是最典型、最具有代表性的理论法学学科。法史学是研究法律运行总体脉络的学科，它是对整个法律制度历史的研究，分为法律制度史学和法律思想史学，它们有着相辅相成的关系。通常来说，法律制度建立在一定的法律思想的基础上；反过来，法律制度对法律思想和社会意识也有巨大的影响。比较法学是通过对不同国家或地区的法律现象进行历史和现实的比较而形成的一门理论法学学科。

应用法学是研究法律的内容、结构的法学分支学科，它是法学体系的主要构成部分，具有以下基本特征。

①微观性。应用法学侧重对某一领域、某一方面法律现象的研究，其基本原理仅适用于某一领域、某一方面。

②针对性。应用法学是基于法律实践的需要而产生的，是对具体的法律现象进行研究而形成的。

③应用性。应用法学同法律实践有着直接联系，其基本原理可以直接应用于法律实践活动，用来解决实际法律问题。

应用法学也有自己的分支系统，主要包括立法学、法律解释学、司法学、刑事侦查学等。立法学以国家的立法活动为研究对象，探讨立法原理、立法制度、立法过程和立法技术等问题。法律解释学以法律解释为研究对象，探讨法律解释主体、法律解释体制、法律解释方法等问题。司法学以司法为研究对象，探讨司法原理、司法原则、司法规律、司法体制、司法技能等问题。刑事侦查学以刑事侦查为研究对象，探讨刑事犯罪分子实施犯罪活动的规律、特点以及刑事侦查的基本原理、谋略、措施和方法等问题。

2. 国内法学、国际法学与外国法学

这是从法律类别角度对法学进行的分类。

国内法学是指以一国现行法律为研究对象的法学分支学科。依据现行法律的构成，又可以对国内法学做进一步划分。对现行法律的构成有两种不同的基本分类标准，一是以法律属性为标准，分为公法、私法和社会法；二是以法律部门为标准，分为宪法、民商法、刑法、诉讼法、经济法、军事法等。

因此，国内法学也可以有两种划分方式，一种是以公法为研究对象的公法学、以私法为研究对象的私法学和以社会法为研究对象的社会法学；另一种是以宪法为研究对象的宪法学、以民商法为研究对象的民商法学、以刑法为研究对象的刑法学、以诉讼法为研究对象的诉讼法学、以经济法为研究对象的经济法学、以军事法为研究对象的军事法学等。

国际法学是指以国际规则为研究对象的法学分支学科。与国内法学一样，国际法学也可以依据国际法的分类做进一步划分。国际规则一般可分为国际公法、国际私法、国际经济法和国际人权法等。相应地，国际法学可分为国际公法学、国际私法学、国际经济法学和国际人权法学等。

外国法学是指以其他国家法律和法律现象为研究对象的法学分支学科，如美国宪法学、德国民法学等。

3. 法学本门学科与法学边缘学科

这是从法学与其他学科之间关系的角度对法学进行的分类。

上述所有分类均属于法学本门学科，它们虽然包含其他学科的知识和方法，但主要是法学的知识和方法。

除了法学本门学科外，还有一些学科是法学与其他社会科学或自然科学相互交叉而形成的，这些学科成为法学边缘学科，如犯罪心理学、法律社会学、法律伦理学、刑事侦查学、法医学、法律人类学等。

（五）法学研究的对象、目的与方法

1. 法学研究的具体对象

法学，顾名思义，是以法或法律这一特定的社会现象及其发展规律为研究对象的一门科学。

法学作为社会科学的一个重要组成部分，它与法是同时产生的。也就是说，自从有了法，就有了对法的研究。随着社会的发展，法也逐步发展起来，在此基础上形成了系统的法学。法学对法的研究可分为以下六方面。

（1）研究法的本质、形式、特点和作用

法是一种社会行为规范，它是统治阶级制定的调整社会关系的规则体系。在不同的社会形态中，法的形式、特点和作用都是不同的，但其本质是相同的。法学要研究各个不同社会形态中法的表现形式、作用于社会的方式及其不同于其他类型法律的特点，从而揭示出法的本质。

（2）研究法的产生、发展和消亡的一般规律

法的产生、发展和消亡的一般规律以及法的历史演变虽然是理论问题，但对这些理论问题的研究有助于对现实生活中法的性质、作用、发展等问题的理解。在现代社会，由于社会的发展和科学技术的进步，法律的社会调解功能越来越普遍，人们往往只把法律看作社会调整手段，而忽略了它包含的深刻的理论内容。对法的产生、发展和消亡的一般规律的研究，能够为现实生活中的法律问题提供理论上的解释。

（3）研究法律和其他社会现象的关系

马克思曾经指出：“社会不是以法律为基础的，那是法学家们的幻想。相反，法律应该以社会为基础。法律应该是社会共同的、由一定物质生产方式所产生的利益和需要的表现。”由一定社会的物质生产方式所产生的利益和需要不仅表现在法律中，而且表现在统治阶级的政策、道德等其他社会现象中。

研究法的问题不能孤立地研究法本身，要从法与其他社会现象的关系中去把握法的有关问题。比如，经济是基础，法必须符合经济发展的要求才能成为推动社会进步的积极力量；政策代表统治阶级的政治要求，法必须立足于国家的大政方针才能为实现统治阶级的目的服务。当然，在法与经济、法与政治、法与政策、法与道德等社会现象的关系中，法学不仅仅是处于被动和服从的地位，它有自己的能动作用。如何协调并发挥法的能动作用，实质上是研究法和其他社会现象关系的一个重要内容。

（4）研究各社会形态的法律制度及其法律思想

在任何社会形态中，法律制度及其占统治地位的法律思想都是互相联系的。甚至那些被统治阶级的法律思想也与一定的法律制度有关——它们表示了对现行法律制度的不满、批评或否定的态度。所以，研究一定社会形态的法律制度和法律思想，有助于分析由一定社会制度所产生的历史条件和阶级、社会基础。

（5）研究法律规范的制定

法学是一门实践性很强的学科。它着重研究的是现实生活中的法。而现实生活中的法都是由有立法权的国家机关制定并颁布实行的。因此，研究法的制定是法学的一项重要任务。比如，宪法是国家的根本大法，它规定国家政治经济制度的基本原则，但是，光有宪法是不行的，还必须制定各种部门法，把各种宪法原则落实到社会的各个方面。尤其是随着社会政治经济的迅速发展，需要法律调整的领域越来越多，法学必须为现实服务，研究立法规划，进行立法预测，为立法工作提供科学的立法技术，使整个法律体系协调发展。

（6）研究法律规范的执行

法律规范的执行即法律在社会生活中的实现。无论多么先进、完备的法律，如果不能在社会中实行，都无异于一纸空文。所以法学必须研究法律在社会中如何才能得到实行和怎样实行，靠什么做法律实行的保障。在我国，法律是广大劳动人民意志的体现，保证法律的执行就是保证广大劳动人民意志的实现，因此研究法律规范的执行具有更加重要的意义。

上述六方面是对法学研究对象的粗略划分。根据研究对象的不同，法学还可细分为理论法学、历史法学、现实法学和边缘法学。理论法学研究法理学、法哲学、比较法学等。历史法学研究法学史、法律思想史、法律制度史等。现实法学研究立法、司法、国际法和各种现实的部门法，如宪法、刑法、民法、行政法、婚姻法等。边缘法学研究法律教育学、法律心理学、法律统计学、法律逻辑学、司法鉴定学等。

2. 法学研究的主要目的

法学研究的目的即法学家研究工作的主观目标。总体来看，法学研究有三大目的，其侧重点各有不同，具体表现如下。

①伦理目的，即为了发现或探究法律的一般规则和原则，为公正安排社会关系及解决社会纷争找到合理的交往模式或法律框架。

②科学目的，即法学研究追求的是发现法律规律，认识法律的本来面目。

③政治目的，即法学研究是为了给统治者的统治出谋划策，或者相反，证明、揭露法律的毛病，从而在政治上否定它。

一般来说，法学研究的三大目的不同程度地存在于法学家所追求的目的之中。虽然西方有些法学家追求法学研究的价值中立，但这实际上难以完全做到。

3. 法学研究的重点方法

研究某一学科的方法，是由这一学科的性质和任务所决定的。法学是一门现实科学，具有很强的实践性，因此研究法学的方法包括以下四种：

（1）社会调查的方法

法学研究必须立足于社会现实，深入社会进行社会调查。比如，在一个法律制定之前，调查此法律的社会需要程度，不同地区具体情况的差异，如何解决这些差异。我国现行刑法在正式颁布前有三十多部修改稿，每次修改都伴随大量的调查研究工作。我国幅员广阔，各地政治、经济发展很不平衡，要求实施刑法的日期有先有后，而且允许各少数民族聚居的省、自治区制定出符合本地实际情况的实施细则，进行某些变通。法律实施以后，大量的社会调查工作仍旧是必要的。法律是否得到了完全的实施？如果未能得到完全实施，原因是什么？如何解决？这些问题都需要通过调查研究，得出有说服力的材料，以采取相应的法律对策。

（2）历史考察的方法

任何事物都有一个从发生、发展到消亡的历史过程。这个过程是有规律的。以古为镜，可以知兴亡。对研究对象进行历史考察，研究它的产生和发展过程，便可以正确地把握其现在，并科学地预测它的未来。当然，对法律这一现象做历史的考察，必须联系与法律有关的政治、经济、文化等诸多因素，不能孤立地考察法律。

（3）比较的方法

比较的方法即通过比较来认识事物的一种方法，可以是对同时期两种或两种以上的对象进行比较，也可以是对不同时期的同一现象进行比较。早在古代，学者就已经用比较的方法来研究法律了。公元前 4 世纪，古希腊哲学家柏拉图就在对许多国家和地区的法律进行比较研究的基础上写出了《理想国》《政治家篇》《法律篇》。经过长期的比较研究，他抛弃了重贤人政治而轻视法律的观念，认为统治者应该根据法律来治理国家。亚里士多德为了设计一部可以作为典范的法律，曾比较研究过 150 多个城邦的法规。战国时期的法学家李悝对春秋末期各诸侯国的法律进行比较研究，制定了我国历史上第一部系统的封建成文法典《法经》。

（4）分析的方法

分析的方法可从三个方面入手：一是从文理上进行分析。法律文字简练，正确理解某一法律条文，首先必须对其词句做出正确理解。二是从伦理上进行分析，即分析法律条文之间的内在联系，分析法律产生、发展的理论依据和历史渊源。三是进行案例分析，旨在了解法律的适用情况和社会效果。

（六）法学与其他学科的关系

从外部关系来看，法理学是法学与哲学、经济学、政治学、社会学、伦理学、心理学及历史学联系的纽带。人文科学、社会科学和自然科学的成果往往首先是通过法理学的吸纳，然后再传导给法学的其他学科。每一次人文社会科学思潮的兴起，也总是率先在法理学学科中得到反映。法学和包括自然科学在内的各门学科都有不同程度的关系。

1. 法学与哲学的关系

任何阶级或学派的法学都以某种哲学为理论基础。当代中国的法学是以马克思主义哲学，即辩证唯物主义和历史唯物主义为理论基础的。

法学和哲学都涉及学科的研究方法。用哲学的研究方法可以从法学中抽象出法学的一般理论，所以哲学的研究方法也被法学运用。哲学是研究自然、社会和思维最一般、最普遍、最根本问题的科学。哲学是人安身立命的根基，是社会的标尺，是文明的尺度，是进步的指针。

每个人、每个民族、每个国家、每个社会的发展都离不开哲学，都要以一种哲学思想为基础，每一种人类活动，特别是文化活动都不能脱离哲学，脱离哲学的活动缺乏意义。在整个科学体系中，哲学非常重要。过去哲学曾一度被称为“科学的科学”“万法之王”，企图囊括所有知识体系，这虽然有些夸大其词，但在一定意义上可以看出哲学的包容性和重要性。

法学与哲学的关系主要表现在以下四个方面：

①哲学是法学的基础，是法学的基本方法论，对法学起着指导作用。

②哲学引导法学的发展、变革，每一次哲学思想、观念、方法的变革，都是科学变革发展的前奏，都会直接或间接地影响包括法学在内的所有科学的发展、变化。

③在研究对象、内容方面，哲学与法学存在部分重合，都研究法律、法律现象、法律问题，但方法、侧重点有所区别。

④在一定程度上，法学思想、理念的发展与创新也能影响哲学的发展与创新，法学促进了哲学的进一步深化。

2. 法学与经济学的关系

经济的发展水平决定着社会的发展程度，当然也决定着法律的发展水平。经济学是研究社会中经济现象（如各种经济关系、经济组织、经济活动和经济发展）的科学。经济学对社会的发展、民主与法治的发展进程以及人民生活水平的提高起着重要的作用。法律也对经济有反作用。同时，经济学的一些研究方法也可以为法学研究所借鉴，一些新的法学流派（如经济分析法学派）与新的法律部门（如法律经济学）就是二者相互作用的结果。

法学与经济学之间的关系直接体现了历史唯物主义的一个原理，即作为上层建筑的法律归根结底是由经济基础决定的，而法律又反作用于经济基础，推动或阻碍社会生产力的发展。法学和经济学都需要研究法与经济的关系。法学从研究法律制度、法律关系、法律行为的角度（如研究合同制度、当事人双方权利义务关系、民事侵权行为等）出发来研究法与经济的关系；而经济学则从生产力、经济关系、经济规律和经济活动的角度出发来研究这种关系。

3. 法学与政治学的关系

历史上，法学和政治学曾长期结合在一起。欧洲中世纪时期，天主教会居于主导地位，政治学和法学都从属于教会的神学。17—18 世纪资产阶级革命时期，法学和政治学都摆脱了神学的桎梏，但它们还是一些哲学家包罗万象的哲学体系中的两个环节，而且，两个学科也很难分开。直到19世纪，法学和政治学才从哲学中脱离出来，各自成为独立学科。

法和国家、政府、政党以及政治家的活动等现象是密切联系的。法学要研究政治，政治学也要研究法律，而且两者都要研究国家，只不过研究的对象和重点不同而已。

法学与政治学又是有区别的。政治学是以社会中的政治现象、政治问题为研究对象，主要探讨社会公共权力的合法性来源，公共权力的运作，社会组织、制度的形成、建设、结构、功能，社会的管理、控制、治理及其方式，社会的民主制度及其运作，政党制度等问题。政治学是法学的基础，起着引导法学发展、变革的作用。20世纪以来，法学的社会功能及使命，特别是政治功能及使命远远大于政治学，它所发挥的功效也远远大于政治学。一切政治活动都必须在法律规定的范围内进行。

4. 法学与社会学的关系

社会学研究的范围相当广泛，而法律是调整社会的一种重要工具，因此法学与社会学也有密切的关系。社会学以社会为研究对象，主要研究社会的要素、结构、功能和作用，特别是研究社会组织的形成、发展和运作，研究社会怎样达到良性发展和运作，形成有序化的社会秩序。

法学与社会学的关系主要表现在以下三个方面：

①社会学为法学奠定了理论基础、方法论基础，社会学的很多理论、观点、方法被大量地运用于法学领域，成为法学发展的动力，法学任何一种理论的提出、改变、形成都或多或少地以及或直接或间接地与社会学有关。

②社会学与法学在研究的对象、内容、方法、功能等方面具有交叉性、互补性。

③法学与社会学可以相互结合、相互借鉴，从而加深对法律现象的认识。

历史上，以社会学为基础对法律的分析研究，形成了法律社会学的思潮和流派，与自然法学、分析法学一起成为法学的三大支柱，大大推动了法学、法律的发展。

5. 法学与伦理学的关系

在古代和中世纪，法律规范和道德规范、宗教规范有时很难分开，古代印度的《摩奴法典》和公元7世纪出现的《古兰经》就是这方面的典型。即使在近现代，法律规范与道德规范、法学与伦理学已明显分开，但法学与伦理学都极为关注法律与道德的关系这一极为重要和复杂的问题。

6. 法学与心理学的关系

法是调整人们行为的规则，而人的行为同人的心理活动是不可分的，因而法学与心理学也必然具有密切的联系。但法学在研究法律的作用时重视人的心理活动，注意吸收心理学的研究成果，如犯罪心理学是犯罪学与心理学相结合的交叉科学。

7. 法学与历史学的关系

历史不仅为人类管理社会提供了经验，而且其研究方法也为法学研究所引用。历史学是以人类历史为研究对象的，主要研究人类历史和人类社会发生、发展的过程。法学与历史学的关系主要表现在以下两个方面：

①法律秩序和法律制度的建设、形成、发展是历史的产物，也是历史的抉择。没有历史，就没有法律。

②法学与其他历史科学一样，是历史性的科学，法学的理念、范式（概念、范畴、理论、观点、方法）都是历史的产物，与一个民族、社会、国家甚至整个人类的发生、发展过程息息相关。可以说，没有历史就没有法学。

二、法学的历史

任何事物都有一个发生和发展的过程，法学也不例外。法学是人类文明发展到一定阶段的产物，它的形成和发展是一个内容不断丰富、形式日益完善、体系逐步健全的过程。由于各国的文化背景、政治制度、意识形态等存在差异，因此各国法学的产生和发展具有不同的内容和特征。

（一）法学的产生

法学是以法律现象为研究对象的科学，理所当然以法律现象的出现为必要前提。但是，法学作为一种理论化和系统化的社会科学，其产生必须具备一定的社会条件。在法学产生的诸多条件中，有以下三个基本条件。

1. 人类理性的形成

人是一种自然存在物，但不是单纯的生物学意义上的人；人还是一种社会存在物，总是生活在一定的社会关系之中；人也是一种具有思维能力的存在物，思维属性是人必不可少的规定性。有意识、能思维是人与动物区别的标志之一。正如我们看到的，动物只是按照它所属的那个“种”的尺度和需要来建造，而人却懂得按照任何一个“种”的尺度来进行生产，并且懂得怎样把内在尺度运用到对象上。

按照从低级到高级的发展顺序，人的认识可以分为感性认识和理性认识两个方面。感性认识是以感觉、知觉和表象等形式对客观事物的现象和外部联系所进行的反映，具有个别性、形象性、直观性等特征，它是人的认识的低级形式；理性认识是运用概念、判断和推理等形式对客观事物的本质和规律所进行的反映，具有全面性、抽象性、概括性等特征，是人的认识的高级形式。

人的认识发展过程是一个从感性认识阶段到理性认识阶段的过程。理性认识的形成标志着人类从对外部世界的无知转变为对外部世界的思考。理性是人类文明产生的智力基础，也是法学产生的思维条件。

2. 较为广泛的立法

立法是法律现象的核心，是其他法律现象产生的前提和基础。没有立法，就不会有执法、司法、守法、法律解释、法律监督等。所以，以法律现象为研究对象的法学，只有在立法达到一定规模，出现了较为完整的法律体系的情况下才会形成。

原始社会没有法律，当然不可能产生法学。原始社会是人通过劳动与动物相揖别后形成的第一种社会形态。在这个社会里，法律是不存在的，规范原始人行为、调整原始社会关系的社会规范主要是原始习惯。原始习惯是在氏族成员长期的共同生活中自发形成的经过世代相袭、被全氏族公认的行为规则，它是一种“惯行”、一种“气氛”，保证原始社会的稳定有序。恩格斯曾赞叹说：“这种十分单纯质朴的氏族制度是一种多么美妙的制度啊！没有士兵、宪兵和警察，没有贵族、国王、总督、地方官和法官，没有监狱，没有诉讼，而一切都是有条有理的。一切争端和纠纷，都由当事人的全体即氏族或部落来解决，或者由各个氏族相互解决……一切问题，都由当事人自己解决，在大多数情况下，传统的习俗就把一切调整好了。”

法律是人类社会发展到一定阶段的产物。对于法律产生的过程，恩格斯做过如下说明，“在社会发展某个很早的阶段，产生了这样一种需要：把每天重复着生产、分配和交换产品的行为用一个共同规则概括起来，借以使个人服从生产和交换的共同条件。这个规则首先表现为习惯，后来便成了法律……”从历史上看，虽然古希腊时期以习惯法为主体的法律已经渗透到社会生活的方方面面，但是这个时期的成文法不多，因而这个时候虽然有法律思想却没有形成具有独立学科性质的法学。

只有到了古罗马时期，随着商品经济的兴起和发展，立法迅速发展起来，出现了皇帝的命令、元老院的告示、成文法和一些习惯法等法律渊源，所有这些为法学的产生提供了客观条件。

3. 法学家集团的形成

法学家集团的形成对法学的产生具有极为重要的意义，它是法学产生的主体条件。即使人类的理性已经形成，即使立法达到一定的规模且法律现象成为常见的社会现象，如果没有法学家集团，法学也不可能形成。只有在社会发展到有可能使一些人离开物质生产活动而专门从事精神性法学研究活动的时候，法学的产生才成为现实。从一定意义上说，法学的产生和法学家集团的形成属于同一历史过程。恩格斯指出："随着立法进一步发展为复杂和广泛的整体，出现了新的社会分工的必要性，一个职业法学家阶层形成起来了，同时也就产生了法学。"

古希腊是西方文明的发祥地，也是世界文明的摇篮。正如恩格斯所言："在希腊哲学的多种多样的形式中，差不多可以找到以后所有观点的胚胎、萌芽。"近代以来的西方哲学、美学、数学、伦理学、天文学、医学等，无不发端于古希腊时期。然而，这个时期却没有诞生法学。在人类历史上，法学作为一门独立的学科首次出现于古罗马。导致这种情形的原因有多个，其中一个重要的原因是，古罗马而不是古希腊为法学的诞生提供了主体条件。

在古希腊，虽然法律已经渗透到社会生活的方方面面，也有一些著名的思想家在关注并研究法律现象，甚至出现了亚里士多德这样杰出的法律思想家，但是由于没有形成职业法学家集团，所以没有形成独立的法学学科，那时候的法学思想大多包含在哲学、政治学、伦理学、修辞学等学科之中。到了古罗马，不仅立法更加发达，而且在人类历史上第一次出现了法学家集团。

这些集团中的法学家不仅协助皇帝立法、出任执政官、参与诉讼活动、解释法律问题，而且还从事法学教育、进行法学研究、编撰法学著作。他们所从事的研究，乃是"最勤劳的人也感到困难，最精细的人也感到深奥，最精巧的人也感到细致"，这就是所谓法律学的研究。他们因此被称为法学家。

正是法学家的研究活动，使法学理论变得系统而精深。凭借法学家的努力，尤其是他们对法学的解释和著述，法学从其他学科中分离出来，成为一门独立的社会科学。

（二）法学的发展

社会存在决定社会意识，社会意识对社会存在具有反作用。法律和法学的产生对社会存在必然产生影响，对社会的经济、政治、文化等产生推动作用。而社会的经济、政治、文化的发展又为法学发展提供新的动力。事实上，法学产生之后不是凝固的，无论是在中国还是在西方，法学都随着历史的发展而发展。

1. 西方法学的发展

（1）古希腊时期的法学

以雅典为代表的古希腊城邦国家的成文法不多，没有健全的专门法律机构和职业法学家集团，没有独立的法学。但以习惯法为主体的法律制度已有相当程度的发展。

①古希腊哲人的思想道路。古希腊、古罗马不仅是西方法律文化的发源地和摇篮，而且在整个人类法学发展的历史长河中也占有举足轻重的地位。古希腊哲人对自然和包括法律在内的社会现象具有非凡的哲学洞察力，他们对自然、社会和政治法律制度首次进行了具有内在逻辑深度的分析和把握，提出了影响深远的认识、把握自然和人类社会诸现象之本质的概念工具和思想表达方式。尤其是他们原创性地提出和阐发的正义和法治观念直到今天仍然是富于启发性的。

古希腊法律思想的杰出代表是普罗泰戈拉、苏格拉底、柏拉图和亚里士多德。

②古希腊的正义理论。把正义视为法律存在的基础和根据乃是古希腊人深厚的观念传统。这种对于法律存在价值的追问和思考方式最初是通过神话和文学得以体现的。正是神话和文学中所展现的生命存在的基本方式和生命存在的精神冲突构成了对法律存在的哲学探讨的最初语境。

到了公元前 5 世纪，希腊哲学和思想发生了一次深刻的变化，哲学最终从神话和宗教意识中摆脱出来，哲人把诗人的激情张扬转化为理智的思考，他们开始通过语词和概念的推导构建起语言的逻辑秩序，以呈现法律制度存在的基础和意义，进而为人们的社会生活提供理性的指引。

③古希腊的法治观念。法律在古希腊城邦政治生活中扮演着十分重要的角色。希腊人把国家视为一个伦理的、具有共同精神本质的社会，其机构的活动从根本上讲是一种教育活动，通过教育使其成员能享有共同精神实质，并使整个社会凝聚在一种共同的心灵本质之中。这种本质对希腊人来说不是纯粹抽象的，而是具体地凝聚和体现在法律之中，法律就是国家的凝聚力，它凝聚和团结了社会。

亚里士多德放弃了对柏拉图“哲学王”理念的追求，将“哲学王”所蕴含的理性精神落实在法律之中，将法律界定为“不受欲望影响的智慧”，法律成了纯粹理性的载体，而明确提出“法治应当优于一人之治”的命题，视法治为最优良的治国方略。

亚里士多德首次对法治做了系统的界定和阐释，其理解的法治包括三个基本要素：第一，法治指向公共的或普遍的利益，它不同于为了单一阶级或个人利益的宗派统治或暴君专制；第二，在依据普遍规则而不是依靠专断命令进行统治的意义上，同时也是在政府重视法规所认可的习惯和约定常规的、比较笼统的意义上，法治意味着守法的统治；第三，法治意味着治理心甘情愿的臣民，它不同于仅仅依靠暴力支持的专制统治，换句话说，法治得以落实的文化心理保障在于被治者对法律的基本信念。

（2）古罗马时期的法学

与古希腊不同，古罗马的成文法（主要是私法）和法学极为发达。在西方历史上，正是在罗马帝国前期，第一次形成了职业法学家集团，第一次出现了法律教育和法学学派，第一次产生了法学著作。罗马五大法学家之一——盖尤斯的《法学阶梯》，是一本最早并完整保存下来的西方法学著作。而且由于奥古斯都建立了法学家官方解答权制度，法学家的声誉大振，法学不仅获得了相对独立的地位，而且成为罗马法学的渊源之一。罗马法学对其后的西方法学和法律制度的发展都有重大影响。

罗马法学泛指古罗马奴隶制社会的法学，尤其是指罗马共和国末期至公元3世纪的法学及公元3世纪末至公元6世纪法学家编纂法典的重大成就。它把蕴含在自然法中的自由、平等理念转化为实在法的原则，揭示了法治的核心要素，从而奠定了古罗马在西方思想史上的卓越地位。

在法学理论方面，早在公元1—2世纪，普罗库卢斯派的凯尔苏斯在希腊哲学和自然法思想的影响下，就对法下了一个定义："法是决定善良和公平的一种艺术。"这个论点标志着《十二铜表法》中对家父权（在家庭中父权高于国家法律）陈旧观点的改变，对罗马法学的发展曾起到了积极作用。

五大法学家之一的乌尔比安认为，自然法就是生物间的规则。在罗马法学的分类方面，他主张分为市民法、万民法、自然法三大类，并指出万民法规定奴隶不被认为是人，而自然法则认为一切人都是平等的。另一罗马法学家弗洛伦提努斯也认为奴隶制违反自然。盖尤斯对自然法并没有明确的定义留传下来，但他主张二分说，即将自然法和万民法合成一类，与市民法相对。

公元3—6世纪，罗马法学的发展主要表现为法学家在法典编纂方面的贡献。《狄奥多西法典》颁布于公元438年，虽以命令编纂该法典的东罗马帝国皇帝狄奥多西二世命名，但这部法典的编成有赖于许多法学家的共同努力。

尽管罗马人在文学、艺术、哲学等方面不及希腊人，但罗马人的专长是以帝国统治万民，以法为和平的王冠。新功利主义法学派的鲁道夫·冯·耶林认为，罗马人三次征服世界：武力、宗教、法律。恩格斯也曾经指出，“罗马法学是简单商品生产即资本主义前的商品生产的完善的法”。

（3）欧洲中世纪法学

公元476年，日耳曼人进攻罗马城，西罗马帝国宣告灭亡，欧洲从此进入长达一千余年的中世纪历程。在此期间，基督教得以广泛传播并对人们的精神生活产生了深远影响。欧洲中世纪法学所取得的成就主要体现在注释法学和教会法学之中。注释法学的形成和发展意味着罗马法和罗马法学的复兴，与文艺复兴、宗教改革相并列，构成中世纪强大的“三R运动”。注释法学从方法论上标志着世俗法学的新生，使法学摆脱了神学的控制而成为独立的学科。世俗法学的发展，导致二元法学局面的出现，因为世俗法学强调的是人与人之间的权利义务关系，教会法学强调的是人与上帝的权利义务关系，这就是所谓的二元对立。

①经院哲学家的法律观。教父学的代表奥古斯丁对教会法学的影响很大，也促进了教皇国的建立。托马斯·阿奎纳是经院哲学最伟大的代表人物，其政治法律思想在当时有很大的影响力。

托马斯·阿奎纳把法分为人类法和神法，同时他效法亚里士多德把法分为自然法和实在法，这两种分类方法相结合，便产生了四种类型的法：第一类是永恒法，它是支配整个宇宙的神的意志的体现，它是最高的法律，是各种法律的渊源。第二类是自然法，它是上帝统治理性动物的法，也就是以永恒法来解释自然规律的法律。第三类是人类法，它又分为万民法和公民法，是各国依据自然法制定的。第四类是神法，它是除自然法和人类法以外用于指导人类生活的法。

托马斯·阿奎纳认为，人类法不能违背自然法，统治者不能禁止臣民生活、工作、结婚和生育，臣民则应按照封建法律的规定服军役、工作和纳税。在托马斯·阿奎纳的时代，政治和法律都掌握在僧侣手中，也和其他一切科学一样，成了神学的分支，一切按照神学中通行的原则来处理，教会教条同时就是政治信条，圣经词句在各法庭中都有法律的效力。

②注释法学。注释法学分为注释法学派和注解法学派（或评论法学派），二者在研究的着眼点与方法上都有很大的区别：注释法学派着眼于过去，是为了恢复罗马法的本来面目，采用的是机械注释的方法；注解法学派着眼于现在，是为了将历史与现实结合起来，以解决现实问题并发展罗马法，采用评论的研究方法。

从11世纪末到13世纪前半叶，作为注释法学第一阶段的注释法学派在其存在的150余年间，经过五代人的发展，涌现了一大批有名望的法学家，其中，伊纳留斯、阿库修斯是主要代表。从13世纪下半叶到15世纪初，作为注释法学第二阶段的注解法学派也经历了150余年的发展，其代表人物包括巴尔多鲁等。

③教会法学。教会法学作为研究教会法的一门学问，是在教权与王权的斗争中发展起来的。在方法论上，教会法学家主要使用的是注释方法。格拉蒂安于1140年完成的《教会法矛盾调和集》是第一本系统整理教会法并解决其中差异和矛盾问题的著作，这是教会法学产生的标志。教会法学家大多精通罗马法，甚至也是罗马法学家。

（4）西方近代法学

①古典自然法学。这是一个跨国界的统一学派，其发展经历了三个阶段：一是从17世纪初到17世纪中叶的形成阶段，其特点在于思想家虽强调法学与神学的分离，却又并未能完全脱离神学痕迹，格劳秀斯的《战争与和平法》、霍布斯的《利维坦》是这个阶段的代表作；二是从17世纪末到18世纪中叶的完备阶段，其特点在于从人的理性中推导出个人权利，并进行相应的政治法律制度构架的设计，洛克的《政府论》、孟德斯鸠的《论法的精神》、卢梭的《社会契约论》是这个阶段的代表作；三是应用阶段，19世纪以前都属于应用阶段，人们一方面将自然法学应用于实际的政治斗争中，另一方面根据自然法学理论创立各部门法学。

格劳秀斯认为有两种法，即自然法和意志法。人的本性和人类理性是自然法的渊源。意志法应该符合自然法的要求。他指出，封建社会的自然法和意志法是对立的，自然法应该是批判封建法和整个封建制度的武器，因为自然法是理性的法，而封建法是违反人性的。

英国的洛克在叙述他的自然法理论时认为，人们在自然状态中拥有自由权、平等权和私有财产权，这些权利来源于人的永恒不变的本性，不能被任何人剥夺。但是，尽管在自然状态中充满了普遍的善意和安宁，但人们的权利并没有可靠的保障。为了避免争论和保障自然权利，人们缔结了契约，建立了国家，由国家制定法律以保护人们的权利。

法国启蒙思想家孟德斯鸠发展了洛克的自然法思想。他认为，人们在组成社会之前就存在着自然法。自然法包括平等、和平、为自己获取食物的愿望。人们在结束自然状态的时候失掉了平等，开始了战争，战争迫使人们制定人定法。政治自由的实质不是想做什么就做什么，而是法律允许做什么就做什么。

与孟德斯鸠同时代的卢梭则认为，人们通过契约建立国家和法，把自己的一部分权利转让给国家，自己则保留了天赋的、不可剥夺也不可转让的人权。假如政府滥用权力，人们则有权废除契约，重新建立符合社会契约要求的、使人们能够保护自己的民主制度。

17 世纪和 18 世纪是古典自然法学占主导地位的时代。古典自然法学派论说的主题是自然权利说与社会契约论。

②哲理法学。哲理法学亦称法的形而上学，它用抽象的思辨方法来研究法律问题，其代表人物是康德和黑格尔，代表作有康德的《法的形而上学原理》和黑格尔的《法哲学原理》。哲理法学与古典自然法学存在一种相承关系，这表现在两个方面：一方面，哲理法学是以古典自然法学为直接出发点的，研究的重点是理想中的法，而不是实在法；另一方面，在研究方法上，二者都是用抽象的推理方法肯定或解释法律与理性之间的关系的。但是，哲理法学又不同于古典自然法学，它是一个独立的学派，是德国古典哲学的一个重要组成部分。

③历史法学。与古典自然法学不同的是，历史法学是一种实证主义法学，其所研究的对象是实然法，而不是应然法；法学家使用的方法是历史比较法，而反对假设和推理的方法。

历史法学的创始人是胡果，但历史法学的主要观念则是由其学生萨维尼提出来的。历史法学的观念包括：第一，主张用历史的方法来研究法律，认为古典自然法学的理性主义立法观点在德国行不通，只是一种幻想；第二，历史法学认为，法律是民族精神的体现，是随着民族的发展而自发地形成的，它不能人为地通过立法来建立，因为人为的法律必然失真而丧失民族精神。因此，法律的主要表现形式是习惯法，习惯法优于成文法。

④功利主义法学。功利主义法学的理论渊源部分可以追溯到 18 世纪苏格兰哲学家大卫·休谟，杰出代表则是杰里米·边沁和约翰·斯图尔特·密尔。杰里米·边沁认为，苦与乐才是决定人应当做什么和不应当做什么的根本原则，衡量人类行为善或恶的标准也应当是由行为本身所引起的苦与乐的大小程度。政府的职责正在于通过避苦求乐以增进社会的幸福，立法者要保证社会的幸福，就必须达到四个目标：保证公民的生计（口粮）、富裕、平等和安全。约翰·斯图尔特·密尔一方面赞同边沁的观点，另一方面极力反对那种把功利主义贬斥为粗俗的享乐主义的看法，而坚持认为功利主义的幸福原则是利他的而非利己的，因为它的理想是有关所有人的幸福。

⑤分析实证法学。分析实证法学与古典自然法学、历史法学并列，被称为西方 19 世纪的三大法学，其主要代表是奥斯丁，1832 年他出版的《法理学的范围》一书详细论证了分析实证法学的基本观点：第一，在研究范围上，分析实证法学

的任务为对从实在法中抽象出来的一般概念和原则予以分析和说明，即所谓的“一般法理学”；第二，在法的概念上，奥斯丁提出了主权、命令和制裁三要素说，法律被认为是主权者的一种命令，而实在法最本质的特征在于强制性；第三，在法律与道德的关系问题上，奥斯丁认为二者没有内在的必然联系，道德上的好与坏是没有确定标准的，因此应该把道德因素从法律研究中剔除出去；第四，在研究方法上，采用实证主义的方法，不以任何先验的假设和推论为前提，只注重实证分析，它标志着西方法学从传统的形而上学转向专门的法律思维。

（5）西方现代法学的多元格局

①自然法学的复兴——新自然法学。随着自然法学在20世纪初的复兴，西方出现了一些关注法律制度基本价值的法理学。推动自然法学复兴的主要学者有意大利法学家韦基奥、德国法学家鲁道夫·施塔姆勒等，以及美国法学家梅尔维尔·富勒、约翰·罗尔斯和罗纳德·德沃金等。

第二次世界大战后，随着法西斯政权的崩溃，否认正义之类价值准则的实证主义法学相形失色，强调实在法应从属于正义之类价值准则的自然法学说则进一步兴起，主要代表人有美国法学家富勒等。

富勒的学说主要论证程序自然法，将法律不溯及既往等民主原则称为法的内在道德，强调实在法与价值准则、法与道德是不可分的。

20世纪60年代至70年代初，美国国内政治动荡，各种群众运动兴起，在这种历史条件下，美国当代学者提出了新的自然法学说，其代表作主要有罗尔斯的《正义论》和德沃金的《认真对待权利》。

②新分析法学。自然法学的复兴给分析实证法学带来了强有力的挑战，分析实证法学发展为新分析法学。凯尔森在《法与国家的一般理论》《纯粹法理论》等著作中提出的纯粹法学将分析实证的立场和方法贯彻到底。哈特的新分析法学与凯尔森的纯粹法学有所不同。他避免了包括凯尔森在内的先前分析实证法学在理论上的某些片面性，对实证法学进行了更为严密的研究和分析。哈特将法律称作规则体系，并区分为主要规则和次要规则。前者是“设定义务的规则”，它告诉人们应该或不应该做什么；后者是“关于规则的规则”，是设定权利的规则。

③其他法学主要包括以下两个方面。

其一，经济分析法学。经济分析法学最初是作为法学研究的一种新方法而出现的，它将法律与经济效益联系起来，对法律进行经济分析。美国法学家理查德·A.波斯纳的《法律的经济分析》是经济分析法学的代表性著作。他的理论是建立在这样的假设之上的，即人作为理性动物，必然努力使自己的需求得到最大化地满足。因此，一个理性的法律制度应该最大限度地利用人们的本性，促进自然资源和社会财富的最有效利用。

其二，批判法学。20世纪七八十年代在美国出现了所谓的“批判法学”运动，之所以被称为批判法学，是因为这场运动的基本精神是对西方国家，尤其是对美国主流法律思想和现行法律制度持严厉的批判态度。这场运动的经典阐释是由罗伯托·曼格贝拉·昂格尔在其《批判法学运动》中完成的。它以“批判西方的法律制度和法律思想，尤其是美国的法律制度和法律思想”为己任，故因此得名。批判法学家在理论和政治上属于“新左派”，有“法学中跳出的新左派”之称。在批判法学看来，所谓法律超然于政治的客观性假设不过是一个谎言，而某些被神化的范畴如公法与私法、自然法与自然权利、个人自治与公共权利等是法律意识形态的重要组成部分，它们彼此之间的界限划分是不具有真实性的。

批判法学反映和体现了西方思想的后现代语境，往往被纳入后现代法学的范畴加以讨论；后现代法学还包括女性主义法学、法律与文学等。

（6）马克思主义法学

马克思主义法学的产生是法学发展史上的一个里程碑。马克思主义认为，法律在本质上是统治阶级的意志。统治阶级要把自己的意志上升为法律，必须由这一阶级组成国家，以国家强制力使其阶级的意志取得全社会一体遵行的效力。

列宁领导俄国人民建立了世界上第一个社会主义国家，进行了马克思主义法学的第一次实践，并具体地提出了关于社会主义法制的学说，在苏联逐步建立了社会主义法学体系。

总的来讲，马克思主义法学是以马克思主义为指导、研究法律现象的学科的总称，它的产生也是法学史上划时代的根本变革。

马克思主义法学具有以下特点：

①指导思想。马克思主义法学以马克思主义的世界观、方法论，即辩证唯物主义为指导，以历史唯物主义为理论基础。

②阶级基础。马克思主义法学是无产阶级和广大人民群众权利和法律要求的体现，它公开申明自己是为无产阶级和广大人民群众的根本利益服务的。

③阶级性与科学性。马克思主义法学的阶级性和科学性是辩证统一的。马克思主义法学认为，法不是也不可能是超阶级意志的，是由一定的社会经济结构决定的，是在社会上居于统治地位的，即掌握国家政权的阶级意志的体现，是统治阶级实现其阶级统治的工具。

④法与经济的联系。马克思主义法学认为，存在决定意识，统治阶级意志的

内容取决于统治阶级赖以生存的物质生活条件，归根结底取决于在该社会占统治地位的生产关系、经济条件。

⑤法的发展。马克思主义法学认为法是社会发展到一定历史阶段的产物。随着生产力的发展、社会的前进、阶级的消灭，国家与法都会消亡。

2. 中国法学的发展

在中国，尽管直到 19 世纪末 20 世纪初西方文化大量传入以后才广泛使用法学或法律科学一词，但早在先秦时就已经有法学了。当时称作“刑名法术之学”。后来又称作“律学”。先秦的法家，对法有着各种各样的解释。如商鞅认为：“法者，国之权衡也。”韩非则认为：“法者，编著之图籍，设之于官府，而布之于百姓者也。”“法者，所以齐天下之动，至公大定之制也。故智者不得越法而肆谋，辩者不得越法而肆议，士不得背法而有名，臣不得背法而有功。”

秦汉时期，封建制度巩固，法学方面的主张则由“严刑峻法”转到“无为而治”，统治者注意“与民休息”，以“三纲”为核心的封建宗法思想成为封建立法的根本原则。

隋唐时期，封建社会发展到鼎盛阶段，与当时的政治、经济发展状况相适应，封建立法逐渐完备，封建的法学也发展到了一个新的阶段，在立法、司法、执法等方面都有了完整系统的主张。

自宋朝开始，封建社会进入衰落阶段。明清两代，西方资产阶级思想传入我国。严复翻译了孟德斯鸠的《法意》（今译《论法的精神》），并在按语中写道：“盖在中文，物有是非谓之理，国有禁令谓之法。而西文则通谓之法。”关于国家和法的关系，他写道：“法典之事即起于争，使其无争又安事法？国之与国，人之与人，皆待法而后有一日之安者也。”

清末法学家沈家本的思想在法学发展史上有相当的地位。沈家本极为推崇中国历史上的法治思想，后来又接受了西方资产阶级的法学理论。他认为，“法”并不是开天辟地就存在的，而是适应一定的社会需要才产生的。“世未有无法之国而能长治久安也”，他还提出了“法立而不行，与无法等”“为政之道，首在立法以典民”的思想。

辛亥革命时期，孙中山以三民主义为立法的指导思想，指出：“法律就是人事里头的一种机器，政治上的宪法，就是支配人事的大机器，也是调和自由和专制的大机器”，“我们现在讲民治，就是要将人民置于机器之上，使他驰骋翱翔，随心所欲。机器是什么？宪法就是机器。”

十月革命后，马克思列宁主义法学理论传入中国，在中国新民主主义革命时期的根据地内，根据地的政权就以马克思主义法学为指导建立并实行革命法制。中华人民共和国建立以后的一段时间，我国在法制建设上走了弯路。1978年以后，随着社会主义法制的完备和健全，我国的社会主义法学也发展起来。政治上的开放和经济上的搞活也带来了法学研究的活跃，不同的学术观点互相争鸣，带来了法学界的繁荣局面。

第二节　法学教育的一般原理

一、法学教育的内涵

法学教育是教育的一个子系统。不少学者认为，如同教育有广义和狭义之分一样，法学教育也有广义和狭义之分。广义的法学教育指一切增进人们法律、法学理论知识和律师实践技能，以及形成、改变或增强人们法律思想意识的活动。狭义的法学教育，则是指通过学校有目的、有计划、有组织地向学生传授系统化的法学理论，培养其法律实践技能，造就从事法律职业人才的活动。而只有狭义的法学教育才能称为法学教育，其他传授法律知识、增强人们法制观念的活动不能被称为法学教育，而宜称为“法律教育”或“法制教育”，原因主要包括以下三点：

第一，西方语言中“法学”一词起源于法律传授和解释。法学作为一门独立的学问是在古罗马问世的。在此之前，西方也存在传授法律知识的教育活动，可称为“法律教育”，但不能说是法学教育，因为没有“法学”，就谈不上法学教育。可见，先有法律教育，后有法学教育，原来的法律教育不能囊括在法学教育的外延之中。

第二，“法学”一词从词源上考察，本来是“表示有系统、有组织的法律知识，法律学问”。而要传授或掌握系统化、条理化的法律知识，一般来说，只能通过正规学校的教学活动才能做到。

第三，法律教育侧重应用，注释法律的概念术语、评价条文的渊源与演变、阐释立法意图和法律原则，也就是对法律、法规本身及其相关经验的教育。而作为法学学科教育的法学教育，兼具学术性、职业性，并且法学教育应当更侧重穷尽法律之理，即法理教育。如果说法律教育的目的在于使受教育者“知其然”，那么法学教育的目的则在于不仅使受教育者“知其然”，更重要的是“知其所以然”。这种解释恰好符合我国设立法律硕士与法学硕士的宗旨。正如有学者所指的：“法律硕士教育与现有的法学硕士教育的名称仅一字之差——前者为‘律’，后者为‘学’，而‘法律’一词的选用也反映了设计者对该词作为具有‘实践性’或‘实然性’意义词语的判定。”

在21世纪建设法治国家的进程中，最重要的就是造就大批的法律职业者、培育一个职业法律家群体。法治社会的构建是法律职业者运用理性、积淀人类精神的结果。培养职业法律家群体不外乎要求法学教育担当起法律职业专业化的重任。考察各国法学教育，大学法学院的法学教育在这一过程中具有至关重要的作用。

从根本上说，法学教育问题关系到能否培养出符合社会需要和人自身发展需要的合格人才。法学专业教育自产生以来经历了从职业性专业教育到人文性专业教育、从模糊的单层教育到清晰的分层教育的历程。从教育学角度来说，法学专业教育与高等教育的职能、价值相关。从法学角度来说，法学专业教育与法制建设的完备程度、法学的发达程度、人们对于法律职业的态度有关。

从意识形态角度来说，法学专业教育与社会制度及制度运行体制有关。法学教育也有其自身独有的价值，具体包括以下四个方面：

第一，法学教育的基础性价值：传授、整合与创新法律知识。法学教育的教学活动以知识的传授为内容，其科研活动以发展创造知识为目的，而法学教育的社会服务职能实质上是对知识的应用。不仅如此，大学还通过将高深专门知识物化到其产品——学生身上，源源不断地向社会输入知识的活载体，使他们成为知识运行中的新一代传递者、创造者和服务者。因此，知识是法学教育发挥作用的主要途径，法学知识的发达程度也决定了法学教育的发展水平。

第二，法学教育的操作性价值：训练和提升法律技能以及养成和改善法律思维方式。波斯纳曾指出：“职业是这样的一种工作，人们认为它不仅要求诀窍、经验以及一般的‘聪明才干’，而且还要有一套专门化的但相对抽象的科学知识或其他认为该领域内有某种知识结构和体系的知识。”法律职业便是这样一种职业，它要求具有非常高的专业的甚至是深奥的知识和神秘的职业技术。因此，在波斯纳看来，职业技术和专门化的知识是支撑一种职业的内在力量。那么，训练和提升法律技能使得法学教育的操作性价值凸显出来。

法律思维方式是法律职业共同体特有的思维方式，也是法律职业从业者胜任法律职业的必要条件。法学教育对法律人才培养的一个非常重要的方面就是使学生养成和改善法律思维方式，为法律职业输送合格的人才。它与法律技能一样也是法学教育的操作性价值。

第三，法学教育的人文性价值：培养法律职业道德。孙晓楼曾指出：“法律人才‘一定要有法律学问，才可以认识并且改善法律，一定要有社会常识，才可以合于时宜地运用法律，一定要有法律的道德，才有资格来执行法律’。”“只具有法律知识，断不能算作法律人才；一定要于法律学问之外，再具备高尚的法律道德。”“因为一个人的人格或道德若是不好，那么他的学问或技术愈高，愈会损害社会。学法律的人若是没有人格或道德，那么他的法学愈精，愈会玩弄法律，作奸犯科。”可见，提高学生的法律职业道德修养，培养学生正确驾驭知识的态度和能力是法学教育的人文性价值。

第四，法学教育的终极性价值：培植法律信仰。“法治的精神意蕴在于人对法的神圣信仰。”这种信仰是法治社会的坚固的支持系统。因此，法学教育对法治的最根本的、最直接的贡献就是对法治的中坚力量——“人”的法律信仰的培育。法学教育所应发挥的知识传递、整合与创新、训练功能以及提升法律技能，养成和改善法律思维方式，培育法律职业道德等价值的最终目的，在于使学生树立牢固的法律信仰。法学教育培育法律信仰，其实质就是在知识、技能、思维和道德全面培养的前提下而达到的一种理想的综合状态——法治人格的塑造。

综上所述，法学教育在法律人素养教育方面具有培养学生知识性素养的价值、训练法律技能的价值、培养法律思维方式的价值、培养法律职业道德的价值和培植法律信仰的价值。通观世界各国法学教育发展的历程可以看出，世界法学教育的历史就是上述价值不断被人们认识并为人们所实现和充实的历史。我国当下法学教育的发展方向就在于寻求全面实现法学教育价值的有效机制。

二、法学教育的性质

无论是国内学者还是国外学者都没有对法学教育的本质属性做准确的定位。当然关于法学教育性质的这一问题，大陆法系与英美法系的认识也是不一致的。在大陆法系国家，法学教育是被包含于高等教育之中的，其教育内容也以法学理论等专业法学知识为主。在英美法系国家，法学教育的根本目的是国家培养全面优秀的律师而存在的。

我国属于大陆法系，认为法学教育是被包含于高等教育之中的。当然，这只是一个模糊的认识，并没有为之具体与确定下来，对于这种认识，学术的看法主要有“职业教育说”“素质教育说”“均衡教育说”三种观点。

第一，职业教育说。持这种观点的学者认为，法学教育存在的首要目的就是为国家培养有法律素养的高素质人才。他们将所学的法律知识回馈于社会并服务于大众。当然这种目标要通过对在校法学学生的职业能力的培养来实现。

第二，素质教育说。持这种观点的学者认为，素质教育是法学教育的启蒙教育，如果一个法律职业从业人员没有高素质的法律素养，那么法律就不能更好地服务于国家与社会，更甚者，法律还会成为将一切推入罪恶的源泉。

第三，均衡教育说。均衡教育说是一种折中式的学说。它采纳了职业教育说与素质教育说两个学说的观点，即在法学教育中要兼顾职业教育与素质教育。

大多数学者都同意“均衡教育说”的观点。正如燕树棠在《法律教育的目的》一文中所言：“法律教育的根本目的在于培养出‘法律头脑’。这种‘法律头脑’至少要包含四个条件：其一，社会的常识；其二，剖辨的能力；其三，远大的理想；其四，历史的眼光。法律工作者必须首先是一个具有文化修养和广博知识的人士。”因此，在法学教育中，保证职业教育与素质教育都要被兼顾到。

三、法学教育的基本原理

（一）专业方向的设置与法律人才的培养

在市场经济条件下，对法律服务方向和内容的调整所遵循的主要是市场供求关系。法律服务不是政府机关的管理活动，它的提供以客户的主动聘请为前提。由某一主管部门或学校用计划的方式预先确定学生的专业方向的做法，不可能及时跟上社会需求的变化。

在市场经济条件下，各种专业人才的培养，应当由学生自己根据人才市场的供需变化、自身条件和兴趣，以及所处的环境来决定和调整。对法学院的学生而言，大学学习主要是打基础的过程，掌握的知识面应该广一些。

如果国际法专业的学生对国内法不甚了解，法学专业的学生对国际经济法不甚了解，法学教育就不能说是成功的。实际上，不少学生在学习过程中自觉或不自觉地超出或打破了专业设置的界限，并根据自身的需要和今后的发展方向选择课程。

（二）教研室机构的设置和教员的素质要求

我国法学教育中专业的划分是真针对学生而言的，而这种划分又与相对教员而言的教研室体制的设置相配套。因此，专业划分的改革也必然与教研室体制的改革相联系。

在我国，每个法律院系下面都划分为不同的教研室，教研室既是学术研究和教学机构，又是行政管理机构。教研室的体制有利于新教员的培训，同时也有利于教员学术研究和讲授水平的提高。在法学教育刚刚起步时，教研室体制有利于促进研究和教学的深入，有利于师资水平的提高。但在进入新的发展阶段之后，这种体制已经不能适应时代的需要。如果可以取消教研室的建制，要求每位教员都必须能开设至少两门或更多的课程，教员的人数不仅能够大大减少，教学和研究的水平也可以大大提高。与此相关，招聘教员的范围也应更宽一些。不然，师资联系实践和动手的能力，就不可能得到提高。

在一些法律院系中，教研室的建制已经取消，但是，其他建制，如院下设系又流行起来。因此，这种突破还不是完全的突破。当然，教研室体制的改革不能孤立进行，它必须和专业设置的改革和高教人事制度的改革密切联系在一起。

（三）课程培养目标、课程设置和讲授方法

课程的设置与教育的培养目的紧密相连。不同的法律文化传统具有不同的培养目的，它们要培养的人才的知识结构也有很大不同。

长期以来，我国的教育被视为系统地传播知识的教育，法学教育也不例外，其被认为是系统传授法学知识的教育。因此，各个法律院系的教育往往只重视对系统知识的传授，而不太重视对学生能力的培养。近年来，不少法律界人士认识到了这一问题，也进行了一些改革。但从整体上看，对学生能力的培养仍然没有得到足够的重视，部分法律院系的毕业生不能在毕业后很快地适应工作，其眼高手低、动手能力差等现象仍然相当突出。无论是课程设置还是讲授方法，仍然与社会的实际要求有相当大的差距，仍然需要加大力度进行改革。

课程设置和教学方法的改革，必须以培养目标和培养观念的改革为前提，即法学教育不仅要传授法律知识，同时要培养和训练学生的实际操作能力。能力的培养应当提到与知识的传授同等的地位。在具备了基本的法律职业能力和素质的基础上，一些具有学术研究兴趣、能力的人员才可能进行真正有意义的法律学术研究。如果连这些基本的职业能力和素质都不具备，其研究的结果就难免是纸上谈兵。在明确上述目标后，课程和教学改革的必要性和方向也就清楚了。我国高

校法律院系的课程设置历来以知识的系统性和科学性为目的，很少考虑实际操作能力的培养，也很少考虑社会的实际需求，这主要从以下四个方面进行分析。

第一，法律课程的开设。我国法律课程的开设主要以法学部门法学科的划分或国家颁布的主要法律（基本法）为标准，以培养和训练学生实际操作能力为主要目的和以社会需求为导向的课程开设得很少。

第二，法律课程的教授。我国法律课程的大多数教师在课堂上所讲授的主要是如何注释现有的法律条文以及论述各门课程的体系和基本理论，其目的在于引导学生掌握系统的知识体系，如学会通过分析法律条文和逻辑推理得出正确答案。其着重讲授的知识不过是一种记忆性的知识，至多是静态的分析理论，缺乏对学生实际操作能力的培养。

第三，法律课程的结构。与我国当前努力实行的市场经济的需要相比较，法律课程中涉及市场经济的课程比重不够，有些课程的内容也亟须改进或充实。我国的法学教育重视史论课的开设而缺少应用部门法课程的开设，在这些部门法课程中，传统的民商法课程所占的比重就更少了；所开设的经济法的课程也有很多建立在计划经济的基础上，部分内容已不适应市场经济的需要。

第四，法律课程的比重。我国法律课程中的选修课所占的比重大大低于必修课。在课程表中，必修课一般占 3/5 甚至 2/3。这种状况的结果是，学生无法根据自己的兴趣和发展方向选择课程，教师也不能充分地发挥主动性，不能形成竞争机制。

除了课程设置存在问题外，教学方法也是需要改进的一个重要方面。虽然我国不是判例法国家，但是运用案例方法进行教学已经被不少教师的教学实践证明是行之有效的方法。它能使学生掌握应用法律的技巧，使学生主动地参与教学的全过程，避免被动式的学习。

第三节 法学教育教学的目标

一、我国法学教育目标

法学教育是指国家有目的、有计划、有组织地向学生传授系统化的法学理论知识，培养其法律实践技能，造就从事法律职业人才的活动。从各国法学教育的传统和现实来看，法学教育具有三个目标，即培养法律学者、培养法律工作者、培养有修养的人。

根据1998年教育部在《普通高等学校本科专业目录》中提到我国法学学生的培养目标可以看出我国的法学教育目标，其无疑是综合性的，这种教育既要培养学术素质，也要锻炼实务技能，还要培养组织协调能力。这一目标既可以全面兼顾，又可以针对某一方面灵活侧重。这样的培养目标集中表现在法学教育中，因为我国的法学研究生教育的目标是培养有理论创新的研究型人才。这种培养目标以及相应的培养模式所具有的突出优点是能够为学生的全面发展创造条件，有利于防止学生因兴趣爱好而出现知识结构和能力上的短板，但是这种培养目标及培养模式也存在着明显的缺陷和不足。

这样的培养目标和培养策略不利于学生的目标设定和自我定位。法学教育的对象是刚刚经历十几年灌输性教育的高中毕业生，这些学生年纪较小、社会经历和阅历均不丰富，也没有足够的能力为自己未来的发展做合理的规划和安排。上述培养目标没有考虑到这一点，不利于消除这一状态，而且容易让每个学生想做到面面俱到却没有侧重，在时间和精力方面不能保证充分投入。

捷克著名小说家卡雷尔·恰佩克的格言或许也很适用于法学专业："每个人都应当了解任何事情的某些事情和某些事情的任何事情。"问题是如果你要学习"任何事情的某些事情"的时候，你是否仍然有足够的时间和精力来学习"某些事情的任何事情"。对大多数学生而言，这种培养方式将会导致学生的全面平庸，而非全面发展。

二、中外法学教育目标的差异

（一）在培养法律工作者方面

大陆法系国家以德国为例，德国的法学教育实行双轨制，即由大学基础教育阶段和预备期（或见习阶段）两部分组成，大学基础教育阶段通常是4年，也可适当延长，预备期以前法律的规定是2.5年，后来修订了法律，改为2年。

大学基础教育以传授比较抽象的法学理论知识和训练案例分析技术为主要内容，而预备期的目的是实践补充和深化所学到的理论知识，培养自己独立的思考、判断和分析问题的能力，为将来担任法官、检察官等职务创造条件。这是一种学术教育与职业教育相结合的体制，德国的法学教育以培养法官这一"统一法律人"为目标，现在《德国法官法》第5条第1款将法学教育的目标确定为"取得担任法官职务的资格"。只有取得了担任法官的资格，才能从事其他法律职业。

英美法系国家以美国为例，美国的法学教育是一种高等教育，要求学生足够成熟，有足够的知识背景来支撑他学习这个学科，才能更深层次、更好地表达法律。一个学生之前学的无论是社会学科还是自然学科，对学习法律都有一种促进，而之前如果什么都没有学，对法律的理解往往是浅薄的，这是现在美国法学教育公认的一种哲学。因此，美国的法学教育模式是“后本科化＋职业化”，以培养律师为其主要目标。

中国的法学教育并没有强调培养某一类法律工作者（律师、法官、检察官）。实际上，中国大多数的法学院将律师、法官、检察官以及其他法务工作人员都作为培养目标，其往往要求学生在经过法学教育之后掌握法学基本概念和理论，并能将这一理论很好地应用于实践中，在实践中发现问题、分析问题和解决问题。

这种综合性的培养模式并不会因将来学生选择职业的不同而有所侧重，尤其在课程设置上，中国法学毕业生无论将来选择从事何种职业，在基本课程的安排上都是相同的。

（二）在培养法律学者方面

无论是中国的法学教育还是外国的法学教育都未将培养法律学者这一目标作为其主要目标。如德国法学教育基础教育阶段的宗旨：向学生提供法学基础理论知识，引导学生从事法律学术方面的研究，使学生学会用法学方法发现和解决法律问题。

但是基础教育阶段之后要进行第一次国家考试，这样学生的学习就会依据第一次国家考试进行，因此也没有足够的时间和精力对某一类法律问题进行深入的研究。

美国一年制的法学硕士尽管称为“硕士教育”，但由于美国不允许本科生学习法律，因此美国的法学硕士教育仍是法学教育的起点，作为法学的入门教育而存在。在我国法学教育的培养计划中，只有极少数高校强调将法律学者作为其培养目标，大多数法学院校或普通高校的法律院系都没有将此作为其培养的目标。我国的法学硕士教育以培养研究型人才为其主要目标，在培养方式上比较注重学术方面的训练。

第二章　法学教育教学的发展历程

中华人民共和国成立后，法学教育经历了初创、成长与成熟三个阶段，迎来了飞快的发展。在高等教育招生规模扩大的大环境下，法学教育呈现出“遍地开花”的局面。本章分为法学教育教学的初创期、法学教育教学的成长期、法学教育教学的成熟期三部分，主要包括计划经济体制下的法制需求、中华人民共和国成立后法学教育体系的建立、市场经济制度下的法治需求、改革开放后法学教育的大发展、市场经济制度完善与法治需求的转变等内容。

第一节　法学教育教学的初创期

一、计划经济体制下的法制需求

1956 年，计划经济体制确立，国家对于社会生产进行统一规划、统一调配，人、财、物等基础资源的调度与分配由国家统一实行。随着计划经济体制的不断深入，国家调控的范围也在逐渐扩大，从国家建设到百姓的衣食住行，整个国家的基础生产都被纳入调控范围。

集中力量办大事的生产模式在计划经济初期虽然可以迅速恢复国力，将中国从一个传统农业大国转变成一个现代工业国家，但到了计划经济后期，也导致了社会生产缺乏活力，甚至陷入僵化。

这一时期，一方面我国对于经济制度的认识还比较浅显，另一方面传统的社会主义经济理论也认为，社会主义就是“公有制 + 按劳分配 + 计划经济”，计划经济是社会主义的本质特征，社会主义不能搞市场经济。同时，传统西方经济学也认为，只有在资本主义私有制的基础上才能发展市场经济，公有制不可能与市场经济成功结合。

中华人民共和国建立初期百废待兴，社会生产力较低，居民生活水平也相对较低，满足基本生活需求尚且不易，进行商品经济活动的社会基础更无从谈起，这导致民众对法律服务的需求也相对较少，甚至没有。

同时，由于民众缺乏法律意识，国家法律制度不完善，法治人才缺乏，民众诉诸法律解决争端的成本很高。“打官司”不但费用昂贵，时间成本高，甚至可能出现“告人不成反被告”的情况，法律服务市场缺少经济与制度基础。因此，这一时期法学教育的主要目标是培养服务于国家建设和经济生产的政法干部。

二、法学教育体系的建立

（一）以苏联为范本建立法学教育

中华人民共和国成立以后，我国试图建立一种不同于以往的、全新的法律制度和教育体系。1949 年 2 月 28 日，中共中央发布的《关于废除国民党的六法全书与确定解放区的司法原则的指示》指出：“在无产阶级领导的以工农联盟为主体的人民民主专政的政权下，国民党的《六法全书》应该废除。人民的司法工作不能再以国民党的《六法全书》作依据，而应该以人民的新的法律做依据。……同时，司法机关应该经常以蔑视和批判国民党《六法全书》及其他一切反动法律法令的精神，以蔑视和批判欧美日本资本主义国家的一切反人民法律法令的精神，以学习掌握马列主义—毛泽东思想的国家观、法律观及新民主主义政策、纲领、法律、命令、条例，决议的办法，来教育和改造司法干部。”

毛泽东宣布接受《中国人民政治协商会议共同纲领》（以下简称《共同纲领》）为本政府的施政方针。《共同纲领》规定：“中华人民共和国的文化教育为新民主主义的，即民族的、科学的、大众的文化教育。人民政府的文化教育工作，应以提高人民文化水平，培养国家建设人才，肃清封建的、买办的、法西斯思想，发展为人民服务的思想为主要任务。”

在知识分子中进行思想与政治教育，有计划、有步骤地改革旧的教育制度、教育内容、教育方法。在这种历史条件下，法学教育无疑也要与社会主义法律制度和教育体系相适应，以全新的形式和内容出现，而与旧的法学教育制度彻底决裂。然而，全新的法学教育是不可能平地而起的，基于意识形态的原因，苏联作为世界上第一个社会主义国家，其各种制度、经验和理念都成为我国借鉴和学习的范本，法学教育也概莫能外。

中国人民大学法律系的创立是中华人民共和国在法学教育上学习苏联模式的

典型尝试。1949 年 12 月 16 日，中央人民政府政务院第十一次政务会议通过的《关于成立中国人民大学的决定》指出："为适应国家建设需要，中央人民政府政务院决定设立中国人民大学，接受苏联先进的建设经验，并聘请苏联教授，有计划、有步骤地培养新国家的各种建设干部。"

1950 年 10 月 3 日，中国人民大学正式开学。这是中华人民共和国建立的第一个正规的高等法学教育机构。中国人民大学完全是在仿照苏联的模式上建立起来的，聘请苏联法学专家担任顾问并直接任教，教材、课程、教学内容、教学方法、教学计划、考试制度以及系所和教研室的设置无不以苏联的大学为范本。同时，作为中华人民共和国法学教育发源地的中国人民大学，承担着中国文科教育"工作母机"的职能，苏联专家培训人民大学的教师和学生，而人民大学的毕业生又到全国各地高校任教，其他大学的教授也被派到人民大学进修，人民大学出版的各种教材也被全国其他高校采用。

（二）政法院系调整

中华人民共和国成立后，在迅速恢复国民经济的同时，对以往的大学政法院系进行了调整改造，1949 年到 1950 年中共中央先接收了中华人民共和国成立前原有的国立与公立的大学和专科学校，1950 年以后又将教会办和其他私立大学、专科学校也接收并一律改为国有。同时，创办了一些新的政法院系。在 1952 年的"司法改革"过程中，政府借鉴苏联的经验，着手全面改革旧的法学教育，进行了两次较大规模的院系调整，对大学法学教育重新布局，裁并了相同的专业，改革了旧的教学内容和方法。

1952 年进行的第一次院系调整是"以培养工业建设人才和师资为重点，发展专门学院，整顿和加强综合大学的方针"为原则的，政法学院以培养各种政法干部为任务，目前附设在大学内，不单独以设立学院为原则，但每个大行政区在条件具备时须单独设立一所，由中央或大行政区政法委员会直接领导。1952 年院系调整的情况如下。

①由北京大学、清华大学的政治系和法律系，燕京大学的政治系和辅仁大学（原北京辅仁大学）社会系、民政系合并成立北京政法学院，校址在北京。

②由复旦大学、南京大学、东吴大学和上海学院的政治系、法律系，沪江大学和圣约翰大学的政治系，安徽大学的法律系合并组成华东政法学院，校址在上海。

③由重庆大学和四川大学的政治系、法律系，重庆财经学院法律系合并成立西南政法学院，校址在重庆。

经过1952年的院系调整，中国形成了3院11系的高等法学教育院系格局，到1952年底这3院11系共有教师450人，占全国教师总数的1.7%；在校生3830人，占全国高校在校生总数的2%。

这种3院11系的格局仅存在了1年。1953年暑期，教育部对高等院校又进行了第二次院系调整，这次调整的原则是，“第一，着重改组旧的庞杂的大学，加强和增设工业高等学校，适当地增设高等师范学校。第二，对政法、财经等各院系原则上适当集中，大力整顿和加强师资培养，为以后发展准备条件。”这次调整的内容为：第一，成立中南政法学院，由中原大学法学院与湖南大学政治系，中山大学政治系、社会系，广西大学政治系、法律系合并组成。校址在湖北武昌。第二，厦门大学法律系并入华东政法学院。第三，云南大学、贵州大学的政治系、法律系并入西南政法学院。第四，武汉大学法律系经过教改，予以保留。

经过1953年的第二次院系调整后，全国法学教育机构成为8所，除以上新成立的北京政法学院、华东政法学院、西南政法学院、中南政法学院4个政法学院外，综合性大学中设法律系的只有中国人民大学、东北人民大学（吉林大学的前身）、武汉大学和西北大学（司法专修科）。到1953年底，这些学校共有教师268人，占全国教师总数的0.8%；在校生3908人，占全国高校在校生总数的1.8%。

1952年和1953年两次院系调整，终止了旧大学性质庞杂、院系设置上的无政府状态，将培养目标含混不明的“通才教育”，改变成国家生产建设服务的专才教育。但也存在不少问题，主要对历史传统照顾不够，对旧的文化遗产缺乏全面认识，有不少人用对待资产阶级国家机关的办法来对待中华人民共和国成立前大学的政法教育，主张采取粉碎的办法，使政法教育受到很大的削弱。

1954年4月，教育部主持召开了全国政法教育会议，决定恢复北京大学法律系和复旦大学法律系，并扩建西北大学法律系。这种4院6系的格局一直延续到1957年。这次会议也确定了政法学院与综合性大学法律系的培养目标和任务。政法学院应担负培养专门人才和短期轮训在职干部的双重任务，综合性大学的法律系除此之外还可以培养一部分律师团体、公证所以及其他国家机关、企业部门的法律专门人才。

第二节 法学教育教学的成长期

一、市场经济制度下的法治需求

1978 年，党的十一届三中全会提出“对内改革、对外开放”的战略决策，这是中华人民共和国成立后第一次确立对外开放的基本国策，而这一次历史性的转变也将中国带入经济快速发展时期。此后随着居民生活水平的提高，人均可支配收入的增加，人们对于物质生活的需求也在增加。

1992 年，党的十四大正式确立了社会主义市场经济体制的改革目标。至此，我国经济开始进入中高速发展模式，商品经济的发展开始提速。随着生活水平的提高和可支配收入的增加，物质生活和娱乐消费占比显著提高，社会经济活动日益繁荣，社会对于法律服务的需求也开始增长。同时，随着我国法律体制的完善，全民法治意识的增强，信法、守法，以法律捍卫自己权利的意愿也在增强。

1997 年，党的十五大提出依法治国方略，建立社会主义法治体系，这既是对发展社会主义市场经济体系的确定，也是对历史经验的总结。同时，《中华人民共和国法官法》《中华人民共和国检察官法》相继出台，也标志着我国将国家的各项管理和改革纳入法制框架中。随着我国法制框架的逐渐完善，民众使用法律服务，以法律为武器捍卫自身合法权益的社会成本也逐渐降低。

二、改革开放后法学教育的发展

（一）法学教育迅速恢复发展

1977 年 10 月 12 日，国务院批转教育部《关于 1977 年高等学校招生工作的意见》，从此恢复了高等学校招生统一考试的制度。11 月 3 日，教育部、中国科学院联合发出《关于 1977 年招收研究生的通知》，长期中断的招收培养研究生的工作从此开始恢复。1977 年湖北财经学院法律系开始招生。

1978 年，中共中央批转了《第八次全国人民司法工作会议纪要》提出的“恢复法律系，培养司法人才”的要求。1978 年至 1979 年，西南、北京、华东、西北 4 所政法学院和中国人民大学法律系陆续恢复招生。1979 年到 1983 年，教育部先后批准了厦门大学、南京大学、中山大学、武汉大学等30多所综合性大学设置法律系或法学专业。

1983年又批准以北京政法学院为基础建立的中国政法大学，恢复中南政法学院。一些重点高校1978年开始招收硕士研究生，1982年开始招收博士研究生。截至1983年底，全国已有全日制高等政法院校35个，本专科在校学生18286人，比第二阶段末1976年的410人增长了43.6倍，比第一阶段末1956年的7108人增长了1.57倍，在高等院校全部在校学生中的比重，由1976年的不到0.1%增至1.5%。虽然1977年我国恢复高考时只有3所法学院校招生，但到1983年已发展到50余所，直属教育部的重点综合性大学和一些省级综合性大学均设立法学院（系），所开设课程均恢复到20世纪50年代的水平。

20世纪80年代中期，中央的一系列教育会议及国家领导人对法学教育的指示和关注，促进了高等法学教育20世纪80年代中后期的大发展，法学教育规模迅速扩大，教学点急剧增加，教育结构逐步得到调整，办学形式从单一形式向多样化发展。到1991年底，法学院校已达116所，本专科招生达11888人，毕业生11894人，在校生达40741人，在全国高校招生数、毕业生数、在校生数中分别占1.9%和2.0%。普通高等学校法学专任教师已有5802人，比1978年增长了将近33倍，占全国高校教师总数的比例也从1978年的0.09%增长到1.5%。全国只有青海和西藏的高校尚未设置法学专业。

（二）着力发展成人法学教育

为了弥补1976年以后法律人才的短缺，国家安排了复转军人和其他一些没有受过法律专门教育的人进入司法系统，这种做法一方面沿用了中华人民共和国成立初期的做法，同时也为以后的法学毕业生的走向埋下了伏笔。但在当时的历史条件下这种做法具有一定的合理性和必要性。

1980年国务院批转了《司法部关于加强和建立地方政法干部学校的请示报告》，建立了由中央、省级和地方政法干部学校组成的政法干部三级培训机构，开始大规模地组织轮训政法干部和军队转业干部。

为全面开展学历教育，1981年1月13日，国务院批转教育部《关于高等教育自学考试试行办法的报告》。高等教育自学考试在北京、天津、上海、辽宁三市一省先行试点。1981年9月5日，国务院批转的教育部《关于大力发展高等学校函授教育和夜大学的意见》指出，发展高等教育应贯彻“两条腿走路”的方针，采取多种形式办学。1981年中华人民共和国司法部（以下简称“司法部”）

会同中华人民共和国最高人民法院（以下简称“最高人民法院”）、中华人民共和国最高人民检察院（以下简称“最高人民检察院”）联合发出《关于积极办好法律函授教育的通知》。

遵照中央“要把培训司法干部工作统一抓起来，加速轮训现有的司法干部”等指示要求，司法部自 1981 年起便率先在刚刚重建的西南、华东和北京政法学院举办法律函授和夜大学专科教育以及干部专修科教育。通过政法院校和司法行政机关联合办学，培养政法在职干部。

到 1983 年底，全国法律函授专修科已招收 4831 人，电大招收 6455 人。夜大、业校招收 6817 人（大专 4419 人、中专 2398 人），参加自学考试学习的 74900 人，法律电大、夜大、夜校已有毕业生 1372 人。

1984 年建立了中华全国律师函授中心，面向社会开辟了一条自学成才的道路。1988 年司法部会同高等教育自学考试指导委员会面向全社会开考法学专业。1985 年司法部接受中央 29 个部委的委托，在北京创办全国企事业顾问培训班。

从 1986 年开始，司法部先后成立了司法部涉外经济法律人才培训中心、中国高级律师高级公证员培训中心和司法部深圳法律人才培训中心等培训机构。

1987 年 6 月 23 日，国务院批转中华人民共和国国家教育委员会《关于改革和发展成人教育的决定》，明确提出从根本上改变成人教育基础薄弱状况的工作指导方针与措施，强调把开展岗位培训作为成人教育的重点。这是成人教育的一次重大改革。

（三）师资短缺的矛盾得到缓解

1978 年 3 月 7 日，国务院批转教育部《关于高等学校恢复和提升教师职务问题的请示报告》。至 1981 年，高等院校中原有的教授、副教授、讲师和助教都恢复了职称。“自 1980 年至 1982 年底，司法部、教育部委托有条件的政法学院、大学法律系，共举办四期教师进修班。开设了 13 门课，为复办新建和扩建的政法院校和大学法律系培训了 540 多名专业教师，初步缓解了法学教师短缺的矛盾。”到 1983 年，普通高等政法院校的教师已增至 2078 人，比 1978 年的 178 人增长了 11 倍多，在全国高校教师中所占的比例也从 1978 年的 0.09% 增长到 0.7%。

（四）学位管理进一步完善

1980 年 2 月 12 日，第五届全国人民代表大会常务委员会第十三次会议审议通过了《中华人民共和国学位条例》，于 1981 年 1 月 1 日起施行，标志着我国学位制度的正式建立。1981 年 5 月 20 日，国务院批准了《中华人民共和国学位条例暂行实施办法》。中华人民共和国国家教育委员会据此制定了研究生培养和学位授予系列规章制度。此后，我国本科生和研究生的培养能力显著增强，规模不断扩大。

（五）课程设置和教材方面得到优化

1978 年 6 月，教育部在武汉召开了全国高等学校文科教学工作座谈会。会议拟订了《法学专业学时制教学方案（草案）》，供各院系参考。1981 年 7 月司法部召开了政法学院教育工作座谈会，分析了过去“左”的错误思想对法学教育造成的严重危害，明确了政法学院不是党校性质的政治学校，学校的中心工作是教学，研究了专业和课程设置问题。

1982 年司法部下发执行的《政法学院法学专业学时制教学方案（草案）》规定：“政法学院应突出、加强法律专业课，目前应不低于必修课总学时的 55%。政治理论课应不超过必修课总学时的 20%。”同时还规定：必修课共 25 门，总学时 2400，其中政治理论课 4 门，440 学时，占 18.3%；文体课 4 门，610 学时，占 25.4%；专业课 17 门，1350 学时，占 56.3%。

1980 年 8 月，司法部召开全国司法行政工作座谈会，专门研究法学教材的建设。会后正式成立了由司法部、教育部共同领导的法学教学编辑部，聘请著名法学专家和学者参与编写教材。1982 年出版了 20 余种“高等学校法学试用教材”，为法学教育主干课程的开设奠定了基础，促进了法学教育的恢复与发展。

（六）确定新时期法学教育的培养目标

过去中国法学教育的培养对象主要是司法机关和司法行政机关的工作人员，1951 年教育部颁布的《法学院、法律系课程草案》规定法律系的任务是培养“为人民服务的法律工作干部”。

1981 年司法部召开的政法学院工作座谈会把中国法学教育的培养目标定为“培养德、智、体全面发展的司法工作以及法学教育和理论研究的专门人才”市场经济的确立和发展为法学教育提出了新的目标和要求。

1995 年全国法学教育工作会议提出，为了加快法学教育现代化，必须把法学教育的高层次办好，以社会需要为导向，立足政法，面向全社会，培养德智体美全面发展，有正确的政治方向，具有广博知识结构和文化素养，具有系统的法律理论知识和专业知识，能从事法律、行政管理、经济管理、工商管理、国际贸易等各项工作的高层次复合型、应用型、外向型的通用人才。

党的十五大依法治国、建设社会主义法治国家方略提出后，中国法学教育的培养目标不仅由“小政法”转变为“大政法”，即除了为公检法司培养人才外，也为安全、民政、监察、纪检、政府法制部门以及人大常委会法工委等部门培养人才，而且扩展为社会各个领域培养复合型、应用型、外向型的通用人才。

在改革开放逐步深入、国际文化教育交流日益增多的背景下，在法学教育的培养目标必须呈现出时代特色的要求下，中国法学教育在培养目标上确定了坚持与贯彻邓小平的教育理论和中国共产党的教育方针，立足国情，放眼世界，培养“具有高尚品德和完整人格的、有坚实马克思主义法学理论基础的、系统掌握法律知识和综合知识并具有创新意识与创新能力的、身体健康的复合型的法学应用人才”。法学教育的培养目标呈现出时代的特点。

（七）扩大办学规模，提高教育质量

1985年5月17日，中共中央召开了全国教育工作会议；5月27日颁布了《中共中央关于教育体制改革的决定》。7月，中共中央书记处又指出，“广开渠道，多形式、多层次大力培养合格的法律人才”，并且进一步明确“司法部应当把培训法律人才作为自己的主要任务之一”。中共中央在1985年5、6、7三个月三次指示要加快发展法学教育，并将发展的途径和领导力量都指示得非常具体，在此形势下，高等法学教育在1985年以后飞速发展。

1985年，司法部《关于加速培养法律人才的报告》中指出：“为了满足近期急需，并为90年代准备必要的法律人才，必须在保证质量的前提下加速发展法学教育。既要加速培养青年后备力量，更要加速培养在职干部。既要扩大高等政法院系和政法干部院校的规模，更要依靠这些院校，大力发展多种形式，多种层次、多种规格的政法教育。要逐步改变政法教育的结构，使大专和中专层次有较大的发展。”

《关于加速培养法律人才的报告》提出的发展目标：“争取80年代累计大专以上毕业生156400人。实现目标的措施：①扩建和新建高等政法院系和干部院校；②积极发展多种形式的政法院校；③支持经济、财贸、工业、交通、外语等高等院校和干部院校开设法律系科；④加速改革。”按此规划执行，普通高等教育的政法院校到1988年，发展到25年（校）和81个法学系，1988年招生14194人。

从1980年到1989年本专科毕业生累计达到了58309人。成人高等法律院校从1984年到1988年毕业生累计达到了121307人，两项合计179616人。到1999年，超额完成《关于加速培养法律人才的报告》中预定的任务。全国除台湾外 29 个省自治区直辖市仅有西藏青海两地尚无普通高等政法院校外，高等政法院校遍布全国。

首先，从本阶段的法学教育指导原则可以看出，多渠道、多层次、多规格是“多出人才”“快出人才”的制度保障。1983 年恢复了专科层次，到 1987 年全国有 46 所政法院系设置法律专科，并且毕业生人数已超过本科生毕业人数 40%。其次，研究生层次逐年扩大。到 1987 年底全国已有 25 个博士点，79 个硕士点，9 所高等院系举办了法学专业研究生班。1987 年全国法学专业研究生在校生人数 3951 人，为 1979 年在校生的 32.4 倍。

此外，1993 年 2 月 26 日中共中央国务院发布了《中国教育改革和发展纲要》。根据《中国教育改革和发展纲要》的精神，1993 年 3 月，国务院又下发《关于〈中国教育改革和发展纲要〉的实施意见》。

《关于〈中国教育改革和发展纲要〉的实施意见》指出，“积极推进高等学校和中等专业学校、技工学校的招生收费改革和毕业生就业制度的改革，逐步实行学生缴费上学，大多数毕业生自主择业的制度”。这就是所谓的“普通高校并轨改革”的滥觞。“并轨改革”允许高校收取培养费用，无疑刺激了高校招生创收的神经。

（八）逐步调整法学教育的层次结构

“法律人才的层次结构和比例不适应社会发展的需要”是法学教育改革发展阶段中国法学教育面临的另外一个主要问题。1976 年以后，为弥补法学教育挫折停滞阶段近 20 年的发展空白而造成的法律专门人才短缺的状况，各种形式的法学教育如雨后春笋般兴起，层次呈多样化趋势，从中专、大专、本科、双学位到硕士（包括法学硕士和法律硕士）、博士，层级很多。这种独特的、多层级的法学教育虽然很大程度上缓解了特定时期法律人才的供需矛盾，但是在新的历史条件下其弊端也日益显现。

1996 年 1 月国务院副总理李岚清在教育工作会议上指出：“在层次结构上，要以专科为起点，重点发展本科教育，大力发展研究生教育，稳步发展高等专科、高等职业教育。……今后，普通高等学历教育应以本科教育为起点，大力发展法学研究生教育和法律硕士研究生教育，逐步把大专层次的学历教育转移到其他轨道上去，从而把有限的教育资源集中到高层次法律人才的培养上。”

在这种精神的指引下，在法学教育的改革发展阶段对法学教育层次结构做了以下调整：①中专法学教育提高到高职法学教育；②将法学本科作为法学教育的基本层次；③发展专业法律硕士。除了以上三个主要方面外，在招生分配、专业设置、课程设置、科研体制上中国法学教育均有所改革与发展。

在市场经济就是法治经济得到共识，法学教育与法制建设之间的关系得到逐步认同之后，法学教育在整个教育体系中的地位日益凸显。经济的发展、体制的改革与发展为法学教育带来了蓬勃发展的生机，同时也对法学教育与法律职业关系进行了调整，中国法学教育在快速发展的同时也存在诸多的缺陷和问题，这也促使中国的法学教育必须时时认清形势，在改革中前行。

第三节　法学教育教学的成熟期

一、市场经济制度完善与法治需求的转变

自改革开放以来，随着我国经济的不断发展，人们对市场经济的认识也在不断地加深。市场经济制度在我国经济发展中的地位不断提高。从市场经济建立初期市场在资源配置中的“基础性作用”到党的十八大报告中明确了市场在资源配置中的“决定性作用”。国家运行市场经济的经验不断积累，调控市场经济的能力不断提高，完善市场经济制度的探索不断深入。

我国的经济发展已经从单纯地追求量的发展模式转向追求质的发展模式，因此我国的法学教育建设不能再继续坚持“爆炸”式的大发展模式，单纯追求法治人才量的发展，大力开办学校，设立学院。这种“多形式”“多层次”的法学教育发展模式也与我国当前经济发展的主旋律不相符。

因此，为进一步推进我国法学教育与市场需求的契合性，我国从1996年就开始设立法学研究生专业学位，探索培养应用型、复合型法治人才，即法律硕士。

二、法学专业学位正式开展

1996年我国推行法律硕士专业学位，探索培养应用型、复合型高级法治人才。2006年我国法律硕士完成试点改革。从1995年首批的8个试点院校，经过1997年、1998年、1999年、2003年、2004年的第六次审批，目前全国已达到50个培养单位。从1996年至2006年，已累计招收法律硕士研究生近50000人，获得学位的18102人。

易继明教授认为，法律硕士培养试点虽然明确了法律硕士的培养目的，但是

对于法律硕士应该如何培养、法律硕士学制的设置、法律硕士课程的设置、法律硕士学位论文要求等仍处于模糊的状态。法律硕士课程的设置多以参考法学本科设置为主，难以将研究生培养与本科生培养进行有效的区分，即“大本科”培养模式，而学术评价上则直接套用法学硕士培养模式和评价指标。与培养复合型、应用型高级法律人才的培养目标相去甚远。

三、法学方面的科学研究持续发展

科研是法学教育的一个重要组成部分。1997年党的十五大确定了“依法治国、建设社会主义法治国家”的治国方略，这一治国方略的有效实施必须有法学理论的指导，同时，这一治国方略为法学研究提供了一个新的发展契机与理论兴奋点。

在新形势下，国家加大了对科研支持的力度，多次强调科研的重要性。教育部于1998年12月24日发布的《面向21世纪教育振兴行动计划》强调：“实施‘高层次创造性人才工程’，加强高等学校科研工作，积极参与国家创新体系建设。”其中，具体指出：“高等学校要跟踪国际学术发展前沿，成为知识创新和高层次创造性人才培养的基地。要重视培养高层次创造性人才的团结、协作和奉献的精神。要从国内外吸引一批能够领导本学科进入国际先进水平的优秀学术带头人”，“造就一批具有世界先进水平的中青年学术攻坚人才，使高等学校知识和技术创新基地尽快取得创新成果”，“全国高等学校以竞争选优方式分批精选万名骨干教师，采取国家拨款与自筹经费相结合的办法增强科研经费支持力度，提高科研、教学质量及设备装备水平。”

2001年，司法部起草并下发了《司法部法治建设与法学理论研究部级科研项目管理办法》。2001年12月，教育部做出《教育部关于表彰全国普通高等学校科研管理（自然科学类）先进集体和先进个人的决定》。2001年12月24日，教育部在北京召开全国普通高校科研管理（人文社会科学类）先进集体和先进个人表彰暨经验交流会，对“九五”期间高校人文社会科学科研管理工作中成绩突出的60个先进集体和150位先进个人进行表彰。2001年，教育部副部长袁贵仁在会上做了题为“树立服务意识，进一步提高人文社会科学研究管理水平”的报告。

教育部在《2003—2007年教育振兴行动计划》中再次强调：要“重点推进高水平大学和重点学科建设”。建设世界一流大学和高水平大学是党和国家的重大决策，对于增强高等教育综合实力，提高我国国际竞争力具有重要的战略意义。要充分集成各方面资源，统筹协调学科建设、人才培养、科技创新、队伍建设和国际合作等各方面工作，深化改革，开拓创新，使重点建设高等学校和重点学科的水平显著提高，带动全国高等教育持续、健康、协调、快速发展。通过加大实施“高层次创造性人才计划”的力度，推进“研究生教育创新计划”，启动“高等学校科技创新计划”和“高等学校哲学社会科学繁荣计划”等措施来促进科研的发展。

在这些方针政策的指导下，作为法学教育科学研究主要力量的高等政法院校，于20世纪90年代中期开始完成从教学型大学向科研教学并重型大学的转变。政法院校每年出版大量法学教材、法学专著、学术论文，翻译外国法学著作和教材。每年承担大量的国家社会科学基金项目、教育部项目、司法部项目的研究工作。2004年全国30所政法院校的科研情况如表2-1所示。

表2-1　2004年全国30所政法院校的科研情况

社科活动人员／人	研究与发展人员／人	出版专著／部	发表论文／篇	课题／项	提交有关部门的应用成果／项
9944	3391	321	8104	1190	893

各个法学院内部都设有专门的科研机构，比如，北京大学法学院设有30多个研究机构；中国政法大学有7个专职研究所，50多个非在编科研机构。全国共有北京大学法学院法学理论学科等15个国家级重点学科，中国政法大学法律史学研究中心等9个教育部人文社会科学重点研究基地。以中国政法大学为例，由该校科研人员主持的国家级省部级科研课题计380余项，参与课题1200余项，出版专著1000余部，出版教材800余部，在核心刊物发表论文7000余篇。其中，仅2001—2004年获得国家级科研奖励30余项。

可以说，在这一阶段，有关法学教育的院系或全国性的学术研讨会也接连召开，如2002年浙江大学法学院举办了“海峡两岸法学学术研讨会暨首届全国JM教育论坛”；2007年，上海市律师协会和上海交通大学法学院联合主办了首届中国法学会民事诉讼法学研究会年会；清华大学法学院召开了2012年度实践教学研讨会；2016年，来自北京大学、清华大学、中国人民大学等40多所高校和众多重要刊物编辑部的90余位专家学者齐聚厦门，在亚洲海湾大酒店共同参加“中国法学研究的问题与方法”学术研讨会；中国政法大学成功举办了中国社会法学研究会2019年年会。

第三章 国外法学教育及其对我国法学教育的启示

国外法学教育无论是教育理念还是教育模式，对我国的法学教育都有很大的借鉴意义，要不断完善我国的法学教育之路，促进法学教育的国际化发展。本章分为德国的法学教育、日本的法学教育、美国的法学教育、英国的法学教育、我国法学教育教学存在的问题、国外法学教育对我国的启示、法学教育国际化发展路径七部分，主要包括德国、日本、美国、英国的法学教育发展情况，要明确法学教育层次及目标，根据国外法学教育对我国的启示，制定完善的政策法规，调整法学教育内容。

第一节 德国的法学教育

一、德国法学教育的兴起

在德国的大学教育产生之前，德国的教育机构主要是教会团体主办的寺院学校，它们以讲授神学为主，教会法（寺院法）则是附随的讲授内容。到 14 世纪初期，留学国外的德国学生开始陆续回国。由于受欧洲各国法学研究风气的影响，这些留学欧洲的德国学生感到有必要建立本国的法学教育和法律制度。在教会主教和统治者的支持下，布拉格大学作为神圣罗马帝国的第一所大学诞生，维也纳大学也随后建立。此后，德国各地也陆续建立了一批大学。这些大学有的是由封建诸侯建立（如海德堡大学、莱比锡大学和美因茨大学等）的，有的是由帝国自治城市建立（如科隆大学、埃尔福特大学等）的。不过，这些大学的建立都要经过教皇或主教的特许，有的还需要获得封建领主的建筑许可状和皇帝的特许令。

毋庸置疑的是，意大利波伦亚大学的模式对德国大学产生了深刻的影响。但与波伦亚大学作为独立的法科大学不同的是，德国的大学是由学院组成的，法学院仅仅是其中之一。波伦亚大学由学生组成团体来管理学校的行政与教学，而德国大学的上述权力则由学院来行使。文学院是德国大学的基础学院，神学院、医学院和法学院则是高级学院。学院采取委员制来领导校务，委员由教授、副教授及获得博士学位的教员共同组成，委员有资格选出院长与校长。德国大学法学院的课程通常有罗马法和寺院法，埃尔福特大学则是其中的例外（该大学根据上述两种法律分成两个学院）。德国大学的经费与教员的薪酬不是来自政府或地方团体，而是由教会支付。可以看出，学成归国的留学生对德国大学的产生发挥了直接的推动作用。他们把在欧洲包括法国、意大利等国的大学学到的知识运用到德国大学的建设中，并在德国建立起与欧洲一脉相承的法学教育体系。

与当时欧洲其他国家一样，中世纪德国的法学教育属于大学法学教育，德国大学兴起之时即以法学教育为其主要内容。正如前面已经提到的，德国的法学教育受到了波伦亚大学的深刻影响，并在对罗马法律文化的继承中发挥着独特的作用。初创时期，德国大学的教授都是留学海外的法学博士。即使在 15 世纪后德国大学已走上正轨，为了提高学术水准，他们依然会聘请国外的知名教授前来德国执教。显然，海外归来的法律专家带来了意大利和法国等国法学教育的教学模式、教学方法和教育内容，他们还成为德国培养本土教员的师资力量。

在中世纪的德国，法学院属于高级学院，法学院的学生在入学前通常已经获得文学学士学位。进入法学院后，法律课程的学习可以分为两个阶段：第一个阶段称为学士阶段，第二个阶段称为硕士阶段。第一个阶段考试通过获得学士学位，然后才可以继续第二个阶段的学习；第二个阶段修完课程并通过考试，可以获得硕士学位。在这两个阶段的学习中，学生所学习的课程内容与在波伦亚大学差不多。学士学位与硕士学位的考试方法基本相同，只是后者由大学校长亲自颁授，前者则一般由法学院院长颁授。修完硕士学位后，学生可以继续攻读博士学位。攻读博士学位期间，学生不需要修得学分，博士论文才是获得博士学位的关键。因为博士论文要求甚严，需要在学术上有所创新。一般来说，获得硕士学位意味着大学法学教育的完成，法学博士只是更高层次理论的培养。至于在校学习的年限，不同的时代和不同的学校要求会有所差异，每年的上课时间各校也不一致。从德国建立大学开始，其法学教育就在德国承担起了传播和复兴罗马法的重任。

中世纪德国的大学在课程设置上分为必修课和选修课，这一点与波伦亚大学相似。必修课一般由教授开设，其讲课方法也与波伦亚大学一致。教授先读法典原文，然后对其进行解释，学生因缺乏课本而往往需要逐字逐句地抄写。教学的内容除了《罗马法大全》之外，意大利注释法学派的注释也是其重要内容，有的大学还要开设教会法课程。选修课由博士候选人讲授，甚至仅获得学士学位的人也有可能参与该项教学。选修课主要内容是敕谕集成或古代学说汇纂的专题讨论。初学法律的学生除了必须参加必修课学习外，还要参加复习和专题讨论课程。修完学士学位的学生一般要先听两年半的课程，然后自行试开一年专题课程。因为毕竟当时德国大学法学教育的目的不是培养律师或者法官，而是培养教学师资。显然，中世纪德国的法学教育在内容和方法上与当时意大利和法国等国的法学教育有着深刻的渊源关系，这也是欧洲大陆形成相似法律文化传统的重要条件。

二、德国法学教育的改革

德国法学教育以学习时间长、内容庞杂、要求严格、培养出的人才理论基础扎实著称。但因经济不断发展和欧盟成员国之间的竞争不断加剧，其非功利性的教育目标开始渐渐落后于社会实际。在德国国内，对法学教育有着不少改革意见，其中以律师对以法官为中心所展开的教育尤为不满。大部分法学生最终都走向了律师行业，但学生在教育中所获得的职业指导比较有限。另外一个重要的因素是，随着世界经济和欧洲一体化的发展，欧盟成员国之间互认对方的法学教育背景。而在德国的法学教育中，欧盟法的内容还没有得到足够的重视，超国家机构的发展使这部分教学内容得到充实。这两个主要因素促成了 2002 年以来德国法学教育的改革。以 2003 年 7 月 1 日起实施的《法学教育改革法》为标志，德国法学教育已发生了较为明显的变化。

在实际操作中，以法官为中心的培养模式不尽合理。法官职位的稀缺性迫使大多数法学生未来将从事其他法律职业，从事以律师为主的其他法律职业成为法学生的主要出路。随着经济、社会的发展，“统一化法律人”的培养模式已出现明显弊端，重新定位法律人的培养目标迫在眉睫。2003 年，《法学教育改革法》开始实施，其中提到“培养具有全方位工作能力的法律人”。“具有全方位工作能力的法律人”这一概念的提出，表明了德国法学教育的培养目标开始发生转变，由以培养法官为目标转变为培养在任何一个法律职业领域都具有专业能力的法律人。《德国法官法》规定，法学生必须选修以外国语进行讲授的法学课程或者以法律知识为主要内容的外国语课程。

在学制方面，根据《高等教育框架法》，法学专业学生的学习时间为 8 个学期。但这并不具有强制性，在实际中，根据每个学生的学习进度，可以缩短或延长学习时间。在司法考试方面也有所改变。第一次国家考试的合格率在 60% ～ 80%，有近 1/3 的法学生不及格。而且参加第一次国家考试的次数是有限制的，考生只能失败一次，如果两次都铩羽而归，那么只能遗憾地告别法学专业了。所以，为了慎重起见，许多学生在完成大学基础教育阶段的学习后，不会马上参加考试，而是全身心投入复习直至有十足把握后再参考。为了缓解学生的畏考情绪，鼓励学生及时参加国家考试，20 世纪 90 年代初，巴伐利亚自由州首创了所谓的“免费射击”制度，后来各州纷纷效仿。《德国法官法》是德国法学教育实施的基本依据，其第 5 条规定：只有完成大学的法学专业学习并且通过第一次国家考试，然后完成见习服务并通过第二次国家考试后，才能获得法官任职资格。同样，要成为检察官、律师、公证员和政府高级文职官员，也必须首先取得法官任职资格。由此决定德国法学教育的基本特点是分为大学教育和实践培训两个基本阶段（至少需要 7 年时间）。在正规教育结束后，学生参加第一次国家考试，既是大学教育结业性考试，同时又是能否参加第二次国家考试的资格考试。通过者获准在政府机关、司法机关、律师事务所实习两年，要从事法律职业还需在实习结束后参加第二次国家考试。两次考试通过者被称为候补法官，可以从事任何法律职业。

三、德国的法学专业教育

德国高校既强调学术研究，也重视人文素质教育，其教育的出发点为传授法律知识，培养法学思维，倾向于培养通才型的法律人才。德国法学专业教育理论与实务紧密结合。

从法学教育模式来看，德国法学教育的职业训练色彩非常明显，采用的是双阶型模式，将“学术教育”与“职业教育”相结合，即法学教育包括大学研习阶段和职业预备阶段，每一阶段结束后要分别进行第一次考试和第二次考试。在第一次考试前的大学研习阶段，德国法学教育的目的是奠定学生的法学理论基础，教学内容也以理论知识为主；在第一次考试后的职业预备阶段，德国的法学教育主要是为了培养学生的法律职业能力和司法伦理道德。德国法学教育兼具职业性和学术性，在课程设置上，不仅包括法学专业课程，也包括大量的人文学科课程；在教学方法上主要包括教师讲授、小组研习、案例演习等形式。

从德国的法律职业准入标准来看，德国的考查模式相当严格，分为两次国家考试，学生达到规定的学习年限后，可参加第一次国家考试。第一次国家考试分为笔试和口试两部分，主要目的是考查学生对法律的理解、应用和掌握的程度。笔试包括应试和论文两部分，在达到平均分后，可申请口试，皆达标准的应试者可取得第一次国家考试的通过证书，第一次考试通过率在 60% ～ 80%。目前经过考试制度改革，第一次国家考试被分解为由大学自行组织的大学考试和由国家举行的国家考试两部分，改变了过去大学教育与国家司法考试脱节的局面。第一次考试通过后，学生进入到职业预备期，此阶段极大地填补了实践经验的不足，将理论与实践结合，为蜕变为法律职业者做准备。预备期结束后，面临第二次国家考试笔试和口试的检测。相较于第一次国家考试，此次考试在内容上更加具有针对性，增加了州法的考查比例，旨在挑选知识、品行和能力皆符合优秀法律职业者标准的学生。两次考试，考生都有一次重考的机会，若第二次仍未通过，则意味着该考生将与法律职业无缘。德国大学毕业生能够在严格的司法考试检测下合格并最终担任法官的比例仅有 15%，由此可见德国法律职业准入的严格性。

四、德国法学教育的特点

（一）宽进严出的高质量的法学人才培养

德国法学生在入学方面没有任何限制，且无学费负担。这有利于吸引大量有志于从事法律职业的学生修读法学，也使学生无经济压力。虽然环境看似较为宽松，但是竞争的压力并不小，高淘汰率迫使法学生勤学苦读。层层筛选，优中选优，保证了培养出的法学人才具备扎实的理论基础、良好的职业操守、出色的业务能力。一代又一代蜚声国际的德国法学大家，正说明了德国法学教育在这一点上的成功。

（二）学术教育与职业教育相结合

虽然，相较之下，学术教育的比重更大，但德国在法学教育的过程中并没有忽略职业教育。比如，学生在基础学习期间必须有 3 个月以上的实践学习时间；练习课上解答的案例都来自实际；各法律系大多聘请实务部门的专家来上课；不少教授本身就兼任法官，具有比较丰富的实践经验；第一次国家考试中有实务部门的考官参加考试；通过第一次国家考试后设置为期两年的见习期；第二次国家考试的内容具有鲜明的职业特色，作为一门应用型学科，法学教育中加入职业教育有助于法学生在实践中不断丰富和深化理论知识，培养专业素质和能力。

（三）资源的合理分配

德国以公立大学为主，没有正式的名次排列，也没有两极分化的现象。各大法学院在办学条件、师资力量、发展前景等方面各有优势，实力较为均衡。另外，德国法学教育具有一支高水平的师资队伍。在德国，大学教授具有极高的社会地位。而想成为法学教授，要求近乎严苛——不仅需要良好的两次国家考试成绩和一篇高质量的博士论文，还需要通过教授资格考试，完成高水平的教授资格论文。由于教授席位有限，大多数获得教授资格的人必须耐心等待，直至教授席位出现空缺再去竞争。因此，在德国的大学里，教授的数量是非常少的，这就决定了教授所享有的尊崇地位，同时也表明他们代表了极高的学术水准和那种“为知识而知识”的近乎宗教般的学术理想和情怀。

（四）法学高等教育是从业的前提

德国的法律从业资格考试是第二次国家考试，而要参加第二次国家考试，必须经过大学基础教育阶段、第一次国家考试和见习期。也就是说，接受正规的法学高等教育是从事法律职业的前提条件。高等教育是一种专业教育，即按专业类别培养人才的活动，它是以培养各级各类尤其是具有创新精神和实践能力的高级专门人才为宗旨的。法学教育不仅仅在于传授法律基本知识和方法，更在于培育法律精神和法治信仰，接受过法学高等教育的法律从业者往往具有更严谨的法律逻辑和法律思维，拥有更完善的法律职业素养和身为法律人的伦理道德。

第二节　日本的法学教育

一、日本法学教育发展

日本的法学教育理念在第二次世界大战前与第二次世界大战后发生了本质的变化。第二次世界大战前存在帝国大学（官学）与私学、行政官员与司法官员、司法官员（法官及检察官）与律师之间的完全不同的社会地位，法学教育制度也确立了为不同阶层服务的目标。

第二次世界大战后法学教育剔除了主要为构建官僚阶层服务的弊端，确立了新制大学的法学教育为国民服务的目标。这种新型的法学教育在普及偏向于解释学的社会科学的法律学的基础上，以培养具有法律素养的市民阶层为目标，通过设置范围广泛的课程，讲授基本法律知识，培养市民基于公平与正义这一原则上的法律思考能力。可以说，第二次世界大战后的日本法学教育不是为了培养职业法律家，而是为了提高日本社会的法律素养。第二次世界大战后日本的法学教育对于提高国民的法律素养虽然有很大贡献，但是其弊端也日益显现。由于大学法律系的教育目标定位在向社会各行业提供具备法律素养的人才，而建立在法律系之上的法学研究大学院（包括法学硕士以及博士教育）主要是培养法学专业研究人才，这使得真正作为培养法律家的高等教育机构实际上处于空白状态。日本《法律家》学术杂志 1987 年进行的调查表明，96.6% 的司法考试合格者承认他们参加了大学正规课程外的法律职业培训班或者司法考试培训学校。由于日本司法考试的合格率很低，日本的法律家人数在发达国家中是最少的，同时，若按照法律家 1 人所对应的国民人数计算，则日本又是最多的。

二、日本的法学专业教育

日本的法学专业教育在发展过程中广泛地吸收和借鉴外国经验，包括法国模式、德国模式、美国模式，在联系本国实际的情况下，不断地进行调整和改进，最终走上了法律民主化的道路。

从法律职业准入来看，日本相当严格。司法考试分为两次进行，与德国模式相类似。不同的是，日本的司法考试门槛更低，不限制考生的学历。因此，第一次考试的难度较低，没有专业的法律知识，仅仅涉及考生的基本素养和教育水平。大学本科学历的考生可以直接参加第二次考试。第二次考试包括笔试和口试两部分，其中笔试又包含问答和论文两部分。笔试中要淘汰 80% ～ 90% 的考生，口试又要淘汰所剩考生的 80% 以上，因此日本司法考试的通过率只有 2% ～ 5%，直到 20 世纪 90 年代，每年通过人数只有 500 人，通过率之低可谓全球之最。

日本的法学专业教育更倾向于普及法律常识，其目的不是培养法律专职人才，而是提高学生的综合素质。司法考试的零门槛使学生对考试本身过分地重视，加剧了法学教育与法律职业脱节的步伐。

为了补救法律职业教育的缺失，日本借鉴了德国的“司法研修”制度，将司法研修作为司法考试合格后的衔接，使考生获得锻炼的机会。司法研修期通常为

1.5年，分三个阶段进行。前期修习三个月，主要进行法律实务基础知识的储备和基本技能的训练，是准备和入门阶段。实务修习为1年，在此期间，修习生被分配到司法部门和律师事务所，由法官、检察官、律师进行一对一的业务指导和实务锻炼。后期修习是一个为期3个月的总结提升过程，在研修所进行集体修习，多以复合性的实务训练为主，如模拟法庭等形式。从司法研修所结业后通过考试的学生方可成为真正意义上的法律职业者。

虽然司法研修在一定程度上弥补了日本法学专业教育所存在的不足，但法律理论教育和法律实务教育的融合程度仍不足，在改革的道路上，日本借鉴美国的法学院，结合自身实际提出法科大学院的构想。所谓法科大学院是设置在本科教育后的研究生教育阶段，与本科教育不相冲突，是其发展和衔接阶段。非法学专业的学生也可报考法科大学院，对于法律人才知识背景的多元化具有积极的意义，其学制为三年，法学专业的学生学制为两年。教育注重实务，在教学方法上广泛采用美国经验，引入案例教学法，法律诊所式教学法注重学生分析能力和辩论能力的培养。结业后的毕业生司法考试与本科阶段相比难度有所降低，考查范围是法科大学院的学习内容，通过率也有较大的提高，达到70%～80%，司法考试通过人数的增加，起到了充实日本法律职业人才的作用。

三、日本法学教育的特点

（一）独特的法科大学院制度

2004年后新设立的法科大学院制度是基于日本自身存在的法学人才培养模式的问题，汲取美国法学教育的长处后做出的较大改变。这种改变不仅仅对解决日本国内司法体制中优秀人才短缺的问题有裨益，更是大陆法系国家在借鉴英美法系法学人才培养模式的过程中的一次良好实践，或者说这是两大法系在法学教育中的一次良好互动、借鉴和结合。

（二）统一而严格的司法考试制度

统一，有三方面的意思：全国统一举行司法考试，由法务省领导并协调法院、检察院和律师协会组织开展，考试结果受到公认；司法考试是确定实务法律家的统一门槛，将来不管是法官、检察官还是律师，都必须通过这场考试；考试内容与法科大学院的教学内容是相统一的。严格，则是指考试的管理规范、范围广泛、难度较大。日本的司法考试，不仅考查学生的法学知识，也考查基本常识；不仅有笔试，也有现场口试。虽然法科大学院的设立目标之一是实现其毕业生通过司法考试的比例达到 70% ～ 80%，但是，因为司法考试难度未降，通过率仍然与预期存在较大差距。事实上，2006 年法科大学院的学生只有一半通过了司法考试。如果这种情况不加以改善，法科大学院的设立就会显得较为尴尬。

（三）选拔式的精英教育

日本本科法学教育属于普及型的通识教育和法律素养养成型教育，其毕业生不仅从事法律职业，还从事社会其他职业，这些其他职业可能与法律职业有关，也可能与法律职业无关。法科大学院的生源大部分来自这些法科毕业生，不到 30% 的学生来自其他专业。法科大学院的学生需要经过严格的选拔。在完成法科大学院的研究生教育后，经过审查评定，可参加国家司法考试。学生只有通过司法考试，才能从事法官、检察官或者律师职业，否则只能从事税务官、代书士、公证人等邻接法律职业。通过层层的选拔，原本的大众教育实质上已经转变成了精英教育。公正、合理的制度设计，既可以保证公民有学习法律的权利，又可以从大批学生中挑选出优秀的法律人才，塑造真正的法律精英。

（四）复合型的法学教育

在大学本科阶段，学生接受法学基础教育；在法科大学院，学生开始较多地接触到实务训练；司法考试结束后的研修期，学生接受完全的职业教育。为了弥补大学校园中难以接触实务的弊端，日本邀请了真正的法官、检察官和律师，作为学生的导师，不仅讲授实务技巧，更是将学生带到实务中亲身体验。而且，在研修期，学生不是只接受一方面的实务训练，而是要求熟悉法官、检察官和律师三种职业的实务操作。这有利于学生开阔视野，更好地形成法律人的职业素养、伦理道德和逻辑思维，从而有助于培养法律职业共同体。

第三节　美国的法学教育

一、美国的法学教育系统

美国最悠久的法学院首推哈佛大学法学院，其创设于 1817 年，其次为耶鲁大学及哥伦比亚大学。美国的法学院虽多，但其程度和编制大体相同。近年来，入学程度逐渐提高。例如哈佛大学法学院，学生必须已获得了学士学位才能入学。其目的就是把普通的知识作为基础，否则，不能明了什么是法律，应用起来容易不便。在这样复杂的社会里，律师当然不必懂得一切，但至少能够适应环境。除此之外，其入学的手续各不相同。如耶鲁大学法学院及哥伦比亚大学法学院，须经过教务长的能力测验，即测验入学者有无学习法律的兴趣和天赋；至于哈佛大学法学院，除有正式大学毕业证书及转学成绩外，就无其他条件了。这种放任的入学办法也有一种好处，就是无论任何人都有学习法律的机会。同时，它对学年考试非常严格，用优胜劣汰的原则，使学生的人数逐级减少。

一般美国的法律学校都设有学士班和研究院。学士班的目的是灌输一种完全的和科学的法学教育，预备将来做律师或法官等。研究院的目的在于学习一般的法律原理、法律的性质及效用，以便于适用于现代的生活。美国法律学校课程的设置也都大同小异，大概包括英美法系的普通法、衡平法、美国法典、国际公法、国际私法、古代及近代罗马法及法理学等。教授法律的方法，自哈佛大学法学院发明成例方法后，几个著名的法学院都以成例教本内的成案为基础，加以教授和学生的讨论，以阐明法律问题的所在。其研究方法为，关于某一种法律观点，搜集有关的法律材料和其他社会科学中非法律事实的材料，用演绎、归纳和比较的方法反复研究，使学生不但学习到法律上的原理原则，并且明了与法律相关的经济、政治和其他社会问题。

美国法律学校除了学士班修毕三年，即授予法学学士学位外，皆附设研究院。但据美国人的观点，获得法学学士学位足矣。一是他们相信实用，获得法学学士学位，即可考律师，而研究院所授予的学位不过是点缀而已；二是法学学士的地位往往和文理学博士相媲美，所以法学学士班的人很多，而入研究院的人很少。研究院以自动研究、务必求心得为目的，教授方法也各不相同，大体上都采用在教室内演讲的制度，也不用特定的教材，因为人数不多，所以设为教室讨论班。美国的法学教育足以为我国所借鉴。美国的法学教育之所以有今日蓬勃的气象，得力于各方面精密的合作和组织。

二、美国的法学教育特点

尽管美国属于英美法系，英国法和英国的法学教育对美国法律的发展有着深刻的影响，但是美国的法学教育在同美国法律职业共同发展的过程中形成了鲜明的特色。美国将初级法学教育定位在研究生层次，置于大学本科教育之后。在美国，法学院只招收已在大学完成政治学、历史学、经济学、文学等专业的学习，获得文学学士学位，或者学习数学等自然科学获得理学学士学位的大学毕业生。

美国法律制度的发展受到律师所接受教育类型的影响，同时，法学教育也反映出法律制度的多样性。对目前超过15万名法学生而言，学习法律意味着在美国律师协会批准的两百多所法学院内学习，目前几乎所有在美国执业的律师都是从这些学校毕业的。但由于学校数量庞大，且联邦政府并不负责各州教育，所以这些学校的多样性相比那些法学院数量较少或由中央政府实施管理的国家要更加丰富。大多数法学院隶属某所大学。这些学校可能是私立的，与州没有关联，如芝加哥大学、哥伦比亚大学、哈佛大学、斯坦福大学和耶鲁大学；或受某个州的资助，如受加利福尼亚州、密歇根州及弗吉尼亚州的资助。这些学院会被视为“州”法学院，因为其学生主要来自该州并打算在本州执业，此类学院的课程也侧重于讲授该州的法律；有些也会是“全国性”法学院，如上文提到的那样，它旨在更加全面地培养学生，学生通常可在任何州执业。法学类院校可能只有为期三年的全日制教学项目，也可能有非全日制的教学项目，非全日制学生通常在晚间学习，且需要更长的时间来完成所规定的标准课程。一些学校的法学院可能拥有1500多名学生，还有少数学校的法学院学生总数可能不足400名。虽然美国法学院之间有诸多差异，但它们也有一些共同特征，这使它们与世界大部分地区的姊妹院校区别开来。其中最突出的特征就是这些院校在入学时要求至少本科毕业、以职业教育为目标以及采用案例教学法，而这些特征都可在19世纪法律教育的发展中找到源头。

首先，美国的法学教育具有自身的特色，形成了法律职业教育模式。美国的法律职业以律师职业为起点，一段时间的律师执业经验是从事律师以外的法律工作的先决条件，美国的法学院是典型的律师学院，其目标为培养优秀的法律家。法学院为学生提供分析和解决法律事务问题的专门训练机会，并且高度重视学生的就业指导工作，根据市场的需求不断调整培养模式，以使学生更加适应就业需求。其次，美国的法学教育脱离于大学本科教育。学生需要取得本科学历，只有具备学习法律的素质基础，才能进入法学院接受法律职业教育。法学教育包括法律硕士、法律博士、法学博士三个学位，作为主干学位的法律博士学位是法律职业的敲门砖，只有具备法律博士学位，才能参加律师资格考试。各州的司法考试通过率有一定的差别，一般在60%～90%，加利福尼亚州最低，仅为30%。通过考试的学生需要接受事务训练，时间为4～6周，主要的学习内容为法律文书的制作，法律职业伦理的培养、沟通、应对及表达能力等。再次，美国法学院的教师筛选严格。美国法学院的教师并非从实务界的精英中遴选，而是选择在各校法学院中名列前茅，有一到两年法官助理经验，再有一到两年其他类型的法律实践经验的人才。从某种意义上说，美国的教师遴选并非选择最有知识和最有实践经验的人才，而是选择最聪明和最有法律悟性的人才，以进行法律的传播和教授工作。最后，课程设置兼顾法律通识教育与专业教育的需求。法学院的学制为 4 年，课程分为必修和选修两部分。各法学院一年级主要开设合同法、侵权行为法、财产法、民事诉讼法、刑事诉讼法、法律研究与法律文书写作、职业道德、宪法、证据法、税法等必修课。必修课为学生建立起了法律的知识体系和框架，为学生的深入研究打下基础，选修课则充分尊重学生的兴趣，根据自身实际选择适合自己的学习方向和内容。美国法学院的教学目标是培养学生解决实际问题的能力，学生学会了如何运用法律，不断将法律规则运用于具体事实中，再从具体事实返回到法律规则，透过法律规则去发现潜藏在这下面的社会政策和实际管理方面的问题。

从教学模式来看，美国的法学院主要采用“案例教学法”，教师在课前将讨论的内容告知学生，使学生在课余有充足的时间进行资料的收集和消化，课堂上教师通过不断向学生提问的形式启发学生的思考，在讨论中总结出判例所蕴含的法律理论，使抽象的法律理论具体化，培养学生的分析能力、逻辑思考能力和独立解决问题的能力，摸索锻炼出律师的执业素养。随着法律职业的细化，“案例教学法”的弊端显现出来，它不能满足社会对专门化法律职业人才的需求，因此有了“诊所式教育”作为补充。在诊所式教育方式下，法学院的学生需在教师的指导和监督下参与到法律实践活动中，其基本理念是以经验为基础，通过实践进行学习。这种方式不仅能够锻炼学生的职业操作能力，而且能够使学生在实践中总结经验和技巧，形成自己处理问题的风格和技巧。“案例教学法”作为主要的教学方式，在“诊所式教育”的补充完善下，不断提高美国法学院教育的质量，为社会输送精英化的法律职业者。

美国法学院学生通常对某些公法或私法实践类课程非常感兴趣，法学院三年的课程内容有合同法、侵权法、信托法、证据法、程序法、刑法、商法、公司法、税法、贸易法规、宪法、行政法、劳动法、家庭法和冲突法等技术性课程，以及法理学、比较法、法与经济学和法制史等更加宽泛性的课程。学生在进入法学院学习前，被认为已经接受了有关历史、文学、艺术以及音乐、经济学、社会学、政治科学和政府学方面的教育。法学院一年级的课程全部或大部分都是必修课，但后面几年的课程大多是选修课。将大学教育经历作为学习法律的前提，而且不再将办公室学徒经历作为入学条件，使得大部分法学院的法学教育更加强调职业性。在这为期三年的高强度专业训练中，学生必须学习一种特殊的美国式教学方法，也即案例教学法。

三、对美国法学教育的评价

“法学院的教育到底应该是怎么样的？”这是美国法学教育一直思考的问题，短短的三年时间并不能完成所有法律的教学，那么应该如何提高学生学习法律的能力。总体上来说，美国法学教育的目标相对明确，即培养一名合格的律师，这是美国法学教育的终极目标。可以说，所有教学方法的引入以及教学课程的设置都是为了实现此目标。美国的法学教育崇尚务实，解决问题是律师的目标和任务。这一观念深深影响着美国律师的摇篮——法学院的教育，他们注重在课程中设置相关实务课程，注重与职业训练衔接，注重职业技巧的训练以及从案例中学习法律知识，培养法律能力。美国当代的法学教育代表的是一种法学理论和法学实践的结合，这在美国行业内已经得到共识。而这两个方面在具体教学模式中的应用则以案例教学法和诊所式教育为主。

当然对美国的法学教育也存在着一些批评，但批评意味着存在改善的空间。卡内基教学促进基金会报告中所建议的改革，对美国法学院提出了巨大的挑战。由于存在着卷帙浩繁的法律规范，变幻多样的执业环境和范围广泛的职业技能需求，法学院在为学生更好地从事法律职业所做的培养准备上面临着巨大的挑战。

第四节　英国的法学教育

一、英国法学教育的特点

作为老牌的资本主义国家，英国的法学教育起步较早，经过几百年的发展，形成了自己的特色。

（一）法学教育形成了完整的体系

经过各方面的努力探索，英国的法学教育形成了自己完整的体系，其法学教育从时间上分成三个阶段：基础教育阶段、职业训练阶段和实习阶段。基础教育是在大学本科阶段进行的，主要进行基础理论学习。通过学习，学生可以掌握英国法律制度的基本框架、基本原理，理解英国法律的基本精神，为将来从事法律职业做好学术铺垫。而职业训练阶段和实习阶段主要进行法律实务训练。

（二）法学本科教育——培养学生职业性

虽然法学本科教育主要在法学院内进行，但我们不能因此认为在此阶段均为纯理论教育。实质上，法学本科教育的目标在于使学生具备进入法律职业所需的知识和能力，从而为进入法律职业创造条件。总结来说，法学本科教育的目标是培养学生的职业性以进行更好的服务。在这个阶段，法学院需要向学生传授法律知识，帮助其构建法学基础的理论框架，并开始教授初级阶段的法律技巧，培养法律职业者专有的思维方式以及分析问题、判断问题并最终解决问题的能力，教会学生能够像律师一样思考问题，善于利用法律资源为自己服务。通过这一系列的教学，学生基本上达到进入法律职业的门槛，符合作为一名法律从业者应有的学术标准。英国法学教育的本科课程设置较为规范，包括必修课程以及选修课程的设置，在保障学校基本教学规划的基础上允许学生依其兴趣选择相应的选修课程进行学习。同时在教学过程中，教学目标明确、教学方法形式多样化，而考核形式灵活，比较注重考核中学生综合分析问题的能力以及学习的自主性。

英国在法学教育中同时兼具以下三个特点：①采用案例教学法。法学院将案例教学法作为法学教育的基础部分，具体表现为学生通过阅读主要根据上诉法院裁判文书编写而成的案例教科书，对其进行一定的剖析，学习其中的裁判方法与思路，以此来学习法律。②注重互动。虽然在实际的教学过程中，教学方式灵活多样，但英国法学院承认，注意调动学生在教学过程中的积极性，使其参与教学互动是英国法学教育的特点之一。③全面培养。由于现代社会关系变得愈加复杂，法律关系也变得更为多重化，相应地，法学教育不能局限于对传统法律知识的传授以及对法律人才的培养，同时也应当使得学生掌握其他学科的知识，从而在走出法学院后能够胜任其他职业。当前不少法学院的教学目标不再局限于培养为私人服务的法律职业者，而是要在保证基础教育的基础上、在适当的层次上增设其他学科的相关课程，从而使得学生能够获得除了法学知识之外更为广阔的知识，毕业之后能够适应社会对人才全面性的需求，不至于被淘汰。有学者将其总结为启发式、参与式和民主式的教学。同时应当引起注意的是，虽然英国高等法学教育属于英国法学教育整体阶段中的理论阶段，但是这并不意味着此阶段为纯理论性的，实际上英国大多数法学院在此期间也开展了法律诊所教育，以及鼓励学生参与社会公益服务等与法学实践教育息息相关的教学项目。

（三）律师职业教育——法律技术集中训练

一般来说，通过上一阶段的主要以培养学生职业性为目标开展的法学本科教育，学生已经具备基础的法律知识以及初步的职业技巧，此时越来越多的法学院会选择与律师学院合作，联合开设着重于法律技巧培训的训练课程。具体的课程设置会因各个法学院以及律师学院的风格不同而不同，总结来看主要包括口头语言表达能力、法庭阐述技术、针对对方的发问技巧、为己方辩护的技巧、整个过程中的调解与协商技巧等，贯穿法律职业的整个过程，具有一定的体系性和多元性。这类课程的开展与其他普通课程不同，为了方便教学者与受教者之间的即时沟通与交流。此类课程的开展主要是以小组的形式，并且关于以上技术的教学与受教也主要在小组之间进行。另外，还有一些其他课程，主要包括教授一些较之前述课程更为传统的知识，包括各类文书起草过程中的基础格式和规范等。这些课程的设置以及教学方法的日益体系化表明英国法学教育对实践法学教育的高度重视。

在英国，取得法学学位被认为是学习过程中的重要目标，法学学位也是英国学位中最重要的学位，但这并不意味着取得法学学位就必须或者必然成为律师。英国不存在类似于美国或者中国那样的律师资格或者司法考试。在英国，即使是毕业于大学法学院的法律系也并不意味着其能直接从事法律职业，中间还需要历经更为深层次的职业训练以及学徒训练，同时还必须参加相关的律师课程学习。更为重要的是，在英国的法律职业体系中，律师又分为事务律师和出庭律师，这就意味着两者的律师课程学习在内容上是有区别的。虽然在实践中事务律师与出庭律师存在着某些业务上的重合，但是两者在律师职业教育中的内容仍存在很大的差异，并且从根本上来说，两者的业务范围存在着很大的不同。对于事务律师，法学职业训练的主要内容是学习如何在实践中运用法律知识，从而解决法律问题，满足企业或者私人客户的要求；而出庭律师在律师职业课程中的主要训练内容为学习如何成为一名合适的出庭律师，具体来说包括具备必需的业务技能以及其他各个专项领域的法律知识。

首先，事务律师法律实践课程更加重视实践训练。在英国，事务律师实践课程的主要目的在于通过培训，使得学员获得起草文件、研究、辩护、接见、谈判等五项技能。在很长一段时间内，由于事务律师工作的特殊性，所以事务律师实践课程偏重知识的传授，多数课程提供机构的主要教学方法还是讲授法，招致了来自各方面的批评，加上事务律师逐渐具有出庭的权利，所以事务律师实践课程提供机构都注重其教育过程的实践性。因此，各事务律师法律实践课程提供机构逐渐放弃了以讲授为主的培养模式，开始大胆尝试在商业环境中进行事务律师实践课程教学的做法，目前很多机构开设了城市事务律师实践课程，力图提高学员的实践能力。总之，事务律师实践课程正在逐渐摆脱传统的讲授法教育模式，向以互动研讨班为基础的培养模式转变；同时保障学员能够在现实商业环境中学习，进一步提高他们的实践水平。

与事务律师实践课程培养模式不同的是，出庭律师的律师职业课程非常注重传统，律师学院以及餐饮会等做法被保留下来，实践性特征异常明显。一个学员只有加入律师学院以后，才能够开始出庭律师律师职业课程的学习。在学习过程中，学员被要求参加其所在律师学院的餐饮会，达 12 次之多。律师学院要求学员参加餐饮会的主要目的，乃是通过餐饮会使学员与资深律师建立密切关系，并与资深律师进行交流，学员之间也可以进行一些必要的互相切磋与交流，从而提升职业实践水平。就具体课程而言，出庭律师律师职业课程的理论知识内容非常少，学员将主要学习时间都用在了技能的训练与学习上。该课程实践性特征非常突出，课程的知识和技能强调职业工作方法的需要，学员必须分组准备和讨论。在课堂上学员积极参与，包括扮演角色训练。他们可以彼此接见，协商解决法律问题，甚至模拟法庭程序、起草文件和书面法律意见。在课程学习中，学员的知识学习和技能锻炼是全面的，无论是在民事程序上还是在刑事程序上，以及其他出庭律师可能涉及的法律领域，都得到了完整、全面而富有成效的学习和锻炼。

综上可知，英国法学教育的职业阶段，更加注重学员法律职业技能水平的提高、实践性内容的学习，分别占据了两种不同律师培养课程的主流，法学教育进入这一阶段后其实践性特征更加明显。

（四）律师事务所实习——塑造法律职业阶层

实习是未来法律职业者接触法律实务最为直接的方式。在这个阶段，学生在不同法学专业执业律师的指导下，在各个相关领域获取实际经验，进而思考未来职业，若实习表现好，则可能获得正式的工作机会。英国法学教育的实习阶段占据重要位置。因为此阶段对于培养成熟的、高水平的法律职业阶层至关重要。这一阶段是之前的法学教育与之后的法律实践对接的最佳阶段。通观英国法学教育的三个阶段可以发现，对实践的要求贯穿每个阶段，且要求逐步提高，同时各个阶段就法学实践教育方面联系紧密，层层递进，从而形成体系严密的英国法律职业阶层培养体系。

当英国法学教育进入实习阶段时，其运作模式非常像学徒制培养模式。无论是事务律师学员还是出庭律师学员，在这一阶段都要跟随各自领域的执业律师进行学徒制式的学习。事务律师学员通过与法律公司签订训练合同，外加参加一个短期的职业技能训练课程，才可以完成实习阶段的学习；出庭律师学员则要作为学徒，跟随一个称为师傅的有经验的出庭律师进行出庭律师实习阶段的学习。

事务律师学员的实习阶段虽然处于法学教育的末尾阶段，但是实际上很多学员的训练合同在职业阶段开始之前已经签订，这就解决了学员在第二阶段的培训费用来源问题。不过，法律公司往往根据市场行情来签订训练合同，所以不是所有的学员都能够较早签订训练合同，目前的情况是受过法律实践课程教育的学生，往往多于可提供的训练合同数量，所以事务律师学员的竞争力比较大，当然也方便了大型法律公司挑选优秀的候选人。签订训练合同的事务律师学员，一般需要在一个法律公司工作 2 年，在这两年中他们往往需要每 6 个月更换一次岗位，以熟悉各种法律事务的具体运作，将已经学习到的法律知识与实践技能付诸法律实务工作中。

在训练合同工作期内，事务律师学员还要参加职业技能训练课程。事务律师学员在训练合同期间内的工作，一般都会得到不同领域资深事务律师的指导和监督。事务律师学员在训练合同期内的工作有薪水保证，这样就为学员完成实习任务奠定了物质基础。事务律师学员在训练合同期内的工作，有利于他们将已有知识与技能转化为职业实践知识与技能，为最终大多数学员走向事务律师工作岗位，奠定了深厚的职前实践基础。

英国的出庭律师学徒培养过程，至今保留着诸多传统做法。学徒阶段为期 1 年，前六个月要在授予律师资格前完成，后 6 个月要在授予临时律师资格后完成。学徒训练是在其所在律师学院以及出庭律师公会的指导与控制下进行的，一旦安排了任何阶段的学徒（包括外国训练），学生必须书面通知律师学院和出庭律师公会。出庭律师学徒前6个月的主要工作是跟随师傅出庭，并协助其整理案卷，主要通过观摩来掌握出庭律师实务技能；后6个月学徒开始在师傅的监督下独立办案，不过学徒办的案件通常比较次要或处于诉讼早期，在后期他们也接受一些比较复杂的案件。学徒办案的数量和类型取决于师傅和已经证实的学徒的技能水平。通过前后两期不同方式的学习，学徒基本上都具有必要的出庭律师实践素养，具备了独立办案的能力，高水平的出庭律师在这样的教育模式下脱颖而出。

英国法学教育的实习阶段对于培养成熟的、高水平的法律职业阶层作用重大，是法学教育与法律实践对接的必然选择。通观英国法学教育的3个阶段，对实践性的要求步步提高，各阶段联系比较紧密，形成了严密的法律职业阶层培养体系。

（五）行业组织一体监督管理法学教育

英国的法学教育从法律人才的成长上分为学术教育和职业培训两个阶段，彼此紧密结合，良性互动，形成一个有机的体系。

英国由教育质量监督局负责对大学教学质量进行监控管理，高等教育基金会负责对大学学术研究进行监控管理；而职业训练则由律师协会对法律实践课程，大律师协会对律师职业课程进行监督管理。

英国的制度设计使法律行业形成一个有机整体，学术教育与职业培训紧密结合，为法律部门源源不断地输送合格人才。

二、对英国法学教育的评价

英国的法学教育体系分为法学本科教育和律师职业教育阶段，而法学本科教育主要以知识的传授为核心，但是这并不意味着此阶段为纯理论性阶段。从上文提及的课程设置以及教学方法来看，实际课程的广泛开展，互动教学的日常运用，英国法学教育的实践性特征已经极为明显，而绝不仅是纯学术的训练，更不是理论与实践的截然分开。英国法学教育模式的优点在于它的实践性较强，从事法律职业的人“按照传统是实践培养出来的，在实践中他们听不见有人谈论罗马法，而是注意力经常为诉讼程序问题和证据问题所吸引，一个案件是否胜诉以及是否受理都取决于这两者。”从英国的早期法学教育看，律师学院注重法律实践的传统一直延续到现在。虽然当今英国的法学教育随着社会实践的发展已经发生很大的变化，但是我们并不能因此否认律师学院在此进程中扮演的重要角色。正是因为英国的法学教育注重实践能力的培养，所以英国法学院培养出来的学生成为法律职业者后都具有较强的实际工作能力，并且能够迅速适应实际工作的需要。同时值得一提的是，2007 年英国法律《学科基准声明》确立了英国法学教育的基本标准，此标准是英国高等教育质量保证制度体系对英国法学教育质量进行管理的重要依据之一，对构建我国法学教育质量标准具有启示作用。

第五节　我国法学教育教学存在的问题

一、法学教育师资配置不均衡

如果要把法学教育受众主体进行宏观探讨，那么依据归属的场域分类最能够显著地揭示出这种不均衡问题。根据有关学者对机构主体的分析，教育部直属的大学都是规模相对较大、层次相对较高的大学，并且一般而言地理位置也相对较好。这就决定了它对诸多有志于学术追求、有志于教学、有志于科研的人才的重大吸引力。而事实上，这一判断也绝非妄言，从法学教育人员在不同归属的院校中的人数上，从不同归属院校教职人员的职称比例上，从法学教育人员自身的学历层次上，可以充分反映出这种不均衡问题。

接下来将根据相关调查结果来具体阐述这种不均衡的现象。为方便说明，可以将根据规格和隶属关系不同的高校划分为三个层次：第一层次为重点院校 / 教育部直属院校；第二层次为一般院校 / 其他部委院校；第三层次为高等专科院校 / 地方院校。并分别根据不同标准将相关的数据统计出来，进行分析。

根据调查结果，可以清楚地看到这样的信息，虽然根据不同的划分，具体的数量不同，但有一点基本的信息就是，在重点院校 / 教育部直属院校中，教员的普遍学历层次较高，研究生学历层次的占主体地位，占比达到 50% 以上。而在一般院校 / 其他部委院校中，研究生以上层次的教员比例并不占绝对优势，此类院校教育主体的学历为本科，占比达到 60% 左右，但本科学历和研究生学历的比例相差并不太大。而在第三层次的法学院校中，即在高等专科院校 / 地方院校中，持本科学历的教员比例最高达到了 80%，与持研究生以上学历的教员比例差远远大于第二层次的法学院校教育人员。相对于全国范围内持本科学历的法学教员比例与持研究生学历的法学教员比例之差 20% 而言，高等专科院校和地方院校的这个比例差分别达到了 60% 和 30% 以上。更不用谈研究生学历教员的主体地位了。

对不同类型的法学教育和不同隶属关系的法学教育而言，其教员的职称比例相差并不是很大，而具体的数量却相差很大。尤其是对第一层次的重点院校 / 教育部直属院校中的教授数量而言，在整体数量差别很大的情况下，教授的数量接近，甚至高于第二层次院校的教授数量。并且，在第一层次法学院校中，教授数量和第二、第三层次的教授数量之和比例也相差并不悬殊。

另外，除教学人员之外的其他人员数量也大致反映出教育人员在不同层次院校中的分工与地位，这从各个层次法学院校中教学人员之外的其他人员数量上可以直观地反映出来。

根据调查结果也可以看出，拥有博士以上学位的法学教育人员主体分布在第一层次和第二层次之中，尤其是第一层次院校中拥有博士以上学位的法学教育人员最多。高等专科院校 / 地方院校所占有的博士以上学位教学人员相对较少。师资力量的不均衡分布在现实中对法学教育的质量有着很明显的影响。这是当前法学教育所应当注意到的问题。

二、法学教育课程设置不合理

法学课程体系是法学教育模式的具体化，其构建是否科学与合理，关系着法学教育目标能否实现。为此，教育部规定在高等学校法学教育教学中必须开设 14 门核心课程，后来又增设了两门课程。虽然这 16 门核心课程对于提高法学学生的素质非常重要，但是这样的课程体系设置仍然存在不足之处。这种不足之处主要表现在以下几个方面：

第一，重视对理论知识的传授，忽视对实践技能的培养。

第二，在对理论知识的学习上，也只是学习中国的基础理论知识，然而对一个法律移植的国家来说，要了解其本国的法律，必须首先了解其移植国家的法律制度，我国大多数学校都没有开设我国从外国借鉴的法律制度方面的课程。

第三，忽视对与法学相关课程的学习，很多法学院校都没有开设与法学密切相关的政治学、经济学、历史学、哲学、管理学等学科。

第四，忽视对学生进行法律职业伦理的培养。

（一）重理论知识的传授，轻实践技能的培养

我国法学课程设置中有一个普遍存在的现象，即重视对理论知识的传授，忽视对学生实践技能的培养。在教学活动中，教师往往让学生从法官的角度思考问题，很少让学生像律师那样思考。法理学、法制史、宪法等基础理论课程的开设

时间是大学一年级，由于这几门课程是基础理论课程，学好这几门课程可以为今后所学的课程打下基础。但是，这几门课程放在大学一年级完全有可能对学生学习法律的热情产生消极影响。

有人提出过这类问题：在大学一年级学习法理学这门课时，除了课程内容深奥、抽象之外，任课教师年龄较大、口音带有浓重的地方方言，整个学期的法理学课程学习无任何乐趣可言，备感痛苦，同班级有不少同学亦是如此。在大学一年级没有用心去学习枯燥无味的理论知识，大学二年级和三年级意识到理论知识的重要性，想重新学习时，却因要面对很多现实问题（如考研、参加国家统一法律职业资格考试、毕业之后找工作等）而缺乏时间和精力。

因此，课程设置应该遵循先易后难的原则，这种课程设置的思路具有明显的优越性：一方面不会挫伤学生学习法律的热情，另一方面在学过部门法之后再学习法理学这门课程，有利于学生更好地理解和掌握理论知识，有利于他们更好地把理论知识运用到实践中。

（二）重视法学知识的学习，忽视相关学科的学习

法学的课程设置主要局限于法学领域，忽视其他学科。大学自从诞生之日起，就承担着培养受教育者综合素养的任务。但是，近代以来各个学科的不断细化使学生的视野逐渐变得狭窄，对本专业以外的知识所知甚少，影响了学生整体素质的培养。法学不是一门孤立的学科，需要有很多其他学科知识的辅助，如哲学、政治学、社会学、历史学、经济学等。

事实上，法律是对社会关系的调整，它不仅涉及人文学科，有时候甚至是自然科学知识。为了使学生具有广博的知识来正确理解和执行法律，就应当开设这些相关学科的课程。美国著名法学家埃德加·博登海默曾经说过：“假如攻读法律的学生对其本国的历史都很生疏，那么他就不可能理解该国法律制度的演变以及该国法律制度机构对历史条件的依靠关系。假如他对世界历史文化不是很了解，那么他在理解可能对法律产生影响的重大国际事件时便不会处于有利地位。假如他不大精通一般政治理论，不能洞察政府机构及其作用，那么他在领悟宪法与公法等问题时就会遭到障碍。如果他没有接受经济学方面的训练，那么他就不熟悉法律问题和经济问题的紧密关系，而这种关系在许多领域都存在着。假如他没有接受过哲学方面的基础训练，那么他在解决法理学和法学理论的一般问题时就会感到棘手，而这些问题往往会对司法和其他法律程序产生决定性影响。”

西原春夫在《刑法的根基与哲学》中说：“法律家要培养掌握好寻找相互对立的利益所发生的根据，并正确把握其意义的能力。要做到这一点，需要学习其他科学知识如政治学、经济学、心理学、社会学、哲学、历史学等，学习这些周边科学，提高基本教养。”

当前我国的法学教育多局限于法学专业领域，主要有16门核心课程，再加上一些选修课，忽视对学生进行其他相关学科知识的教育。而且所有选修课对所有的学生统一开放，既没有选课的指导，也没有根据学生的不同情况做任何区分，均由学生自行选择。

基于教室空间有限以及对讲授效果和选课结果的均衡考虑等原因，选修课通常需要限制人数。这必然会造成随意或盲目选课、投机选课（主要是所选课程成绩方面的投机）、跟风选课（比如别人选什么我就选什么，还有就是和好朋友选一样的课）现象的出现，使学生在选课时很难在选修课与必修课、选修课与选修课之间做有效衔接。这些问题对法学学生的长远发展极为不利。

三、法学教育教材建设不合理

法学教育的发展，法学教学内容的更新，教学方法和手段的变化，以及新兴学科、交叉学科的涌现都对法学教材的建设提出了新的要求。法学教材本身也是一个动态的系统，随着科技和社会发展必然不断呈现新的面貌，而法学教育教材建设远远没有适应这种新的要求，导致法学教材存在诸多的问题。

（一）法学教材缺乏时效性

近年来，我国的法制建设发展很快，而法学教材撰写、出版、更新的周期仍然比较长，法学教材对知识的更新速度和扩展速度适应不了法律修改和理论的飞速发展，这就导致法学教材的内容滞后，特别是理论课教学内容严重落后于法制建设的需要和培养人才的需要。

我国现有的法学教材没有考虑自身特点和培养目标，因脱离实际而缺乏实用性，因内容陈旧而缺乏新鲜的活力。比如，法学理论课程的理论框架还是旧的，许多地方是以刑法为中心构筑的理论体系，在法律思想史教材中，介绍重点仍是政治学说和国家学说，而对法律和法制的研究介绍得却远远不够。现行教材大多是几年、十几年甚至几十年一贯制，有的一成不变，有的虽做了修改，但没有实质的变化。这些教材没有立足于现实，没有时代特点，缺乏现代意识，没有同世界文化发展接轨，而是内容陈旧、知识陈旧、观点陈旧，甚至连事例都是陈旧的。

这些法学教材不能及时反映社会生活的最新发展成果，致使法学教材的知识内容陈旧，社会需求与学生所学知识相去甚远。这对学生全面素质、科研能力和探索精神的培养起到了阻滞作用。学生学习之后，只记住一些抽象的定义或者陈旧的知识，但是解释不了现实生活中的现象。所以法学教材的改革是势在必行的，教材不改，其他一切教学改革就都将是空话。

（二）法学教材缺乏系统性

自然并不跃进，它只是一步一步地前进。建筑家也只是以同样的方法建造房屋的。他并不是从屋顶或墙壁去着手工作，而是从基础工程开始。房基打好以后，他并不是去修屋顶，而是去建造墙壁。

各个阶段的接连次序是依它们的相互关系而定的。法学知识的实体内容包括事实、概念、法则、原理，原本不是孤立的，而是相互联系的，构成统一体。作为这样一种统一体的个别知识，只有当彼此不被割裂，而是统一地、体系化地被接受时，才能使受教育者获得深刻的、正确的理解。我国的教材在这一点上做得还远远不够，特别是法学严谨的逻辑性。现有的法学教材虽然内容十分广泛，但普遍采用注释的方法，基础理论课如此，部门法更为明显，有些内容就是法条的直接解释，没有形成一个良好的内容体系。

（三）法学教材缺乏实践性

任何一门科学都是从实践中来又到实践中去，以验证其科学性，以发展理论来指导实践，法学也不例外，而且法学是一门社会实践性很强的科学。对以往的法学教材来说，理论脱离实际是其长期挥之不去的弊病。在20世纪70年代末，实体法的缺乏带来了社会生活中的一系列问题，而我国法学教材基本上是集中关注理论问题，使得法学教材中理论性的东西占绝大部分，实际操作的部分则涉及得非常少。而且，理论原则和实际操作缺乏沟通，学生感觉不到知识的意义。随着市场经济的发展和学生对知识需要的变化，法学教育的内容必须日益注重实际，更加关心一些具体的、可操作性的问题，特别是中国问题和中国经验，这才能体现我国法学教育的深化。

需要特别强调的一点是，以2003年举行的第二届国家司法考试为标志，我国开始推进严格的司法职业准入制度的实施。尽管我国的法学教育与英美式的职业教育并不相同，但是大部分学生仍会选择进入司法领域工作，因此虽然没有确切的考察研究，但是可以预见到绝大多数法学专业学生的必经途径就是参加司法考试。而法律实务往往是司法考试强调的重点，针对这种情况，未来的法学专业教材必将在理论与实践结合方面做出更大的努力，以适应司法考试的需要。因此，在教材改革的过程中，一定要注意理论与实际关系的妥善处理。

（四）法学教材缺乏权威性

现在由于教材编写的政策落实不够，高校教师特别是高水平的高校教师编写教材的积极性受到影响，有些教师不是从做学问、追求事业发展、对社会负责、对历史负责、对学生负责的态度出发认真编写教材，而是从自己评定职称、编书赚钱的需要出发，轻率编写教材。

一些高等学校对本校开课选用的教材缺乏指导和管理，放任自流，以致有些教材的编著者东拼西凑，整章整节地抄袭别人的著作，导致内容庞杂，教材越编越厚；有的基础课自编教材甚至就是编著者把过去编写的教材改头换面、改名换姓演变而成，低水平重复现象严重。

法学教材不同于学术专著、教学参考书等其他出版物的地方在于它有明显的教育性，其内容的取舍、图文的组织、讲述的方法等要充分考虑到法学教学的培养目标、教学计划和教学工作的规律性。语言简捷易懂，结构、层次清晰，理论表达深入浅出、举一反三，应是高校法学教材必备的先决条件。

然而，个别作者在编写教材时不注意体例的特色与要求，像以往编写专著一样编写法学教材，甚至把学术论文中一些不成熟的探讨观点也写进教材中，严重地影响了法学教材的权威性与准确性。

（五）法学教材缺乏适用性

法学教材作为教学过程的重要组成部分，要在教学实践中充分发挥它的功能，使之适合于法学教育活动，达到法学教育的目标，就必须经得起实践的检验，符合法学教育的理论和规律，这就需要法学教材具有适用性的特点。我国现有的法学教材受传统教育理论的影响较深，根据学科本身的系统和内在组织联系来组织编写，强调科学的逻辑关系，或者将不相干的、无关紧要的内容引入，或将过去学过的内容不适当地重复引用，忽略学生的认识规律，挫伤了学生学习的积极性。人类发展知识认识过程的逻辑与人按照一定科学步骤系统地阐述所获取知识的表述逻辑不同，因此，这种法学教材的编写方式必然造成学生接受知识的困难。现代教育观念主张，按照学生的心理发展特点来组织教材内容，真正做到内容精选，文字精练，这样将更有利于调动学生的学习积极性。

现在，我国有的法学教材开始注意提出问题的重要性。通行的做法是在章节的末尾提出问题，这种做法促使学生复习学得的知识，但是不能激发学生自己探究并建构自己认识的兴趣。这种处理方法与引发学生提问，促进学生思考和探究当代教学论思想还有一定的差距。在改进上，以法理学、法律制度史、法律思想史、法律社会学和法律经济学等的法律理论教材为例，要在研究具体法律问题的前提下提出法律的基本理论，注意研究法律的一些基本问题，淡化国家学说和政治学说，特别注意方法论的教育，采用启发式的阐述。

（六）法学教材缺乏创新性

当今世界，科学技术突飞猛进，知识经济已见端倪，综合国力竞争日趋激烈。知识经济、创新意识对我国的发展至关重要。法学教育要不断创新，法学教材也要不断创新。受苏联法学的影响，我国的法学教材着力把正确的、成熟的知识传授给学生，这是必要的，但是对于培养创新人才的需要是远远不够的。科学的方法和科学的思维是最具有生命力、最具创新性的因素，而我们目前的法学教材在这方面存在着不足。现有法学教材的典型结构是“总论”“法律关系”“分论”，从概念出发的演绎推理在教科书里最为常见，有关概念的定义、广义说、狭义说和构成要件说为绝大多数教材所采用，而且要为概念设定唯一正确的定义，对案例分析的部分则几乎完全忽略，使法学教育成为对真理的传授，造成学生的被动接受和死记硬背，极大压制了学生的怀疑和批判精神。

20 世纪 80 年代以来，我国对法学教材的重视程度不断提升，对法学教材存在的问题有了一些共同的认识，法学教材编审委员会经过多次调查、研究、讨论，重新修订了法学教学计划和教学大纲。并根据社会和科学技术发展的要求，结合各国大学法学教材发展的实践，参与制订了我国高等学校教材进行教育面向 21 世纪教学内容和课程体系的改革计划。这个计划取得了一定的成效，但由于受诸多方面因素的影响，还有一些方面有待完善。

四、法学教育考核或评估方式不合理

考核是指根据一定的教育价值观或教育目标，运用可行的科学手段，通过系统地搜集和分析整理信息资料，对教学活动、教学过程和教学结果进行价值判断，从而实现自我完善并为教育决策提供依据的过程。科学、合理的考核体系能够提高学生学习的积极性，可以使学生充分认识到自己在学习方面存在的不足以及与整个教育目标之间存在的差距，改变学习方式，以期达到最佳的效果；学校可以通过考核结果明确学生之间的差距，从而改变考核方式，使考核体系能够为学生的学习提供正确的指引，从而实现法律人才培养的目标。

在我国的法学教育中，考核方式主要有考试（开卷或闭卷形式）、写小论文两种方式，没有多元化的考核方式。考核的内容都仅仅局限于教材，如在闭卷考试中，教师会预先给学生设定考试范围，学生只要将平时的笔记多背几遍，将教师给的重点多看几遍，很容易就取得很高的分数，这样会陷入一种危险；学生学习的目的仅仅是为了考试，因此知识的吸收率极低；写小论文可以促使学生去思考、调研，由于学生是在课下完成小论文的，很多学生容易将别人写的东西交给教师，以期通过考核，这样就会增加教师评分上的难度，从而造成一种实质上的不公平。无论是写小论文还是考试，都侧重于对基础理论和规则等陈述性知识的考查，而忽视了对实践技能、语言表达能力以及交流能力的考查，而且这种考核方式不能够全部测试出一个学生所掌握的法律方面的技能。

五、法学教育教学的目标设定不合理

法学生的数量逐年在增加，随着社会对法律人才需求的增加，今后，法学专业的招生力度还会逐年加大。事实上，少数高校已经把法学专业招生作为创收的重要手段，有的学校只有十来个教师，每年却招收法学生三百余人，这显然违背了教育规律。造成这种情况的原因，一是学校的指导思想有问题，不注意培养人才的质量；二是学校错误地认为，开设法学专业较容易，有几个教师就行；三是学校以为法学生就业不成问题。正是在这种错误思想的指导下，一些学校只追求数量，而忽视了质量。

就整体而言，法学教育的质量亟待提高。要想保证法学人才的培养质量，就需要严把“三关”。

1. 入口关

目前，在总体上把握得比较好，各省的文科状元多数在法学院，法学生的分数超过文科平均分数线，现在的问题是出在某些特招生身上，这只有靠招生制度改革的深化来解决。

2. 培养关

培养关是主要问题，培养质量问题往往都出在这里。

第一，涉及教育观念的转变问题，要变对口教育为素质教育，变专才教育为通识教育。

第二，要树立“以学生为主体，以教师为主导”的教育和教学理念，强调学生“自主学习”，在教学中要贯彻“讨论式”“课题式”“批判式”教学。

第三，“要因材施教”，教学要“个性化”“多样化”。

第四，在体制上要完善“学分制”，实行“导师制”，要让学生多选择选修课，增加专家型教授，减少教师型教授。

第五，在要求上也要更新，强调“水平第一”“追求卓越”，突出对能力的提高和培养。

3. 就业关

在学生就业问题上，目前宣传力度不够，不少国家机关和企事业对法学在决策的作用，特别是对法学生的优势理解得较差，对法律人才在经济全球化与在我国依法治国中的特殊作用了解得不深入。应大力宣传“国无法而不治，民无法而不立”，没有法律人才，社会难以稳定，法学是治国之本、强国之学和安邦之学的道理。

六、法学理论与法治实践脱节

通过对相关调查资料的简单梳理，可以很明显地发现我国的法学教育已获得了长足的发展。与此同时，我国的法治实践无疑也取得了很大的成就。习近平总书记曾强调，法学是一门实用性和实践性都很强的学科，法学教育必须处理好法律理论知识的传授和法治实践活动之间的关系。但在现实中，法学的实践品格并没有像我们期望的那样被明显体现出来。相反，在现实中呈现给我们的往往是一个法学理论与法治实践彼此背离的尴尬局面。

关于我国法学教育的教学模式，大多数学者达成了一致观点：我国的法学教育必须坚持理论知识的传授与法治实践运用相结合的教学模式，只空谈理论不关注法治实践运用的教学方法，必然不能培养出高素质、高水平的法律专业人才。众所周知，在英国、美国高校的法学院学生学习毕业后，如果要从事法律职业还需要继续进行为期一年的法律培训课程，接着还要完成 1 ～ 2 年的实践实习，方可取得法律从业资格，成为一名正式的法律工作者。而我国法学教育目前还是主要采用灌输基础理论和阐释法条内容的讲授法教学。

法学理论与法治实践运用脱节，不仅表现在课堂教学的内容与司法实践的背离，也体现在法律条文规定的抽象性和法治实践的具体性之间的矛盾上。要确立司法实践导向的法学教育，一个重要的方面就是法学教育要明确司法判决依据是如何确定的。这个在法学上就是法的确定性问题，在大陆法系也叫法的安定性问题。这个问题反映了法律条文规定的抽象性和法治实践的具体性之间的矛盾。如何解决这个问题，就需要通过法教义学来克服。法教义学可以实现法学理论与法治实践两者之间的同一性和互动性。

针对法学理论知识教学与法治实践运用脱节的问题，有学者认为应在相关部门的共同努力下，指导高校法学院师生与法治实践相关部门工作人员的沟通、交流，并努力使之常态化，通过这种方式丰富法学院师生的法律实践运用经验。同时，高校法学院教师应不断完善教学体系，尤其是加强案例教学在课堂中的应用，切实增强法律实践教学的效果。因此，法教义学能解决我国法学教育中法学理论与法治实践相分离的问题，把法教义学应用到具体的教学实践中，进而形成一种更加系统化、互动性更强的法学教学方式。

七、法学教育与法律职业脱节

我国法学教育是高等专业教育，而非法律职业教育。因此，长期以来，法学教育与法律职业脱节，即法学专业的毕业生不能直接从事法官、检察官和律师等法律职业；而法官、检察官、律师和其他法律工作者又不一定是法学专业毕业的。非法学专业毕业的人及没有经过法学专业学习的人，也可以从事法律职业。造成这种现象的原因是多种多样的，但它所带来的负面影响是显而易见的。

一是一些法官、检察官、律师、司法行政官员、立法人员等是非法律人士，他们没有接受过专门的、正规的高等教育，不具备较多的法学理论和国际法方面的知识。这种现象的直接后果是影响了政府机关的人员结构和法律工作者的专业素质。

二是法学专业毕业的学生就业困难。一些法学院校的法学本科生进不去政法机关，当不了法官和检察官，呈现了就业困难的局面。明显的是，这不是由法律人才过剩造成的，而是由非法学专业的人才占据了本来应属于法律本科毕业生应占据的岗位造成的。

事实上，我国现在法学教育的规模并非过大，与一些发达国家相比，还相差甚远。例如，美国现在有法律院校 250 个，在校法学专业学生约 12 万人，而美国的总人口仅为我国的 1/6。又如，从我国律师队伍的情况来看，未来我国需要专职律师约 30 万人，而现在仅有 10 万人左右。每年我国法官、检察官自然减员为三四万人，而每年毕业的法学本科生为两万人，尚不足以补充法院、检察院的自然减员。这一切都证明，我国法学教育的规模不是过大，法律专业人才不存在过剩的情况。现有的法学教育仍不能满足日益发展的法治社会建设的需要，法学教育仍需适度稳步地发展。

八、法学教育办学层次不合理

我国从1997年党的十五大提出“依法治国”战略至今有二十余年，在这期间，法治建设取得重大进展和突破性的成就。20世纪中后期，面临世界第一人口大国，且法律意识普遍不高的国情，普及法律知识，增强法律意识，国家加强法治建设的重要举措无外乎让更多人加入法学教育的行列，接受相对系统和正规的法学教育，此一方面可以壮大我国法治建设的队伍，另一方面能够为更多人进入法律职业领域提供渠道和可能性，以此满足我国社会主义法治国家建设的需求。其间，多元化、多层次的法学教育如雨后春笋般蓬勃发展。时至今日，大专类、远程教育类、函授类、高职类、本科类、研究生类等层次不一的法学教育依旧呈现在我们面前。

法治建设需要一元化的法学教育。我国目前的大专类、高职类、远程教育类等低层次的法学教育存在诸多问题。法学专业因为开设门槛低，或者因为缺乏显性的办学条件和规定，使得现在多元化局面成为定势。相关学校为了增加学校利益，不断扩大生源，也直接导致了本来就不富足的法学师资力量遭受“二次削弱”。

盲目扩招而导致师生比率严重失衡的直接后果毋庸置疑地便是教学质量的直线下降，遑论学生的专业知识和技能的提高和掌握了。在低层次法学教育师资及办学条件落后的问题之外，此类法学教育还存在着教学内容和教学水平不科学、不符合法治建设新要求的问题。一些院校在教学内容上不包含十四门核心课程，所教授的往往是几门课程，加上由于只有两年或三年的入学时间，其法学基本知识都不能保障掌握，更何况专业实践技能的提高所培养出来的法学生在市场上的竞争力可见一斑。“这种状态如让其延续，轻则损及法学教育本身，重则害于法治进程。”

法治建设需要真正的法律人才，即接受过正规、全面法学教育的人才，为满足这一要求，法学教育必须趋于一元化。在这个过程中，需要重视以下两点：第一，逐步取消低层次法学教育，只保留法学本科及以上类型的教育；第二，明确规定法学专业开设的条件。

李龙先生在《我国法学教育急需解决的若干问题》一文中便提出了法学院系所应具备的共同规格和要求：“第一，必须能开设法学专业的14门核心课程，因为任何专业都是一定的课程体系的知识群，开不出核心课程，就不是法学专业，也不能举办法学教育，这是全国法学教育界的共识；第二，至少有20名专业教师，其中半数以上要有法学硕士或博士学位，副教授以上的教授要有7～8名，这是经全国法学教育界反复研讨而定的最低标准；第三，必须具有起码的法学教育条件，如拥有数万册法学图书、模拟法庭、实验室和相对稳定的毕业实习基地等。这三条是保证法律教育质量的最基本的条件。”

李龙先生从课程内容和设置上，师资力量上以及其他教育辅助设施上对我国各大院校开设法学专业提出了要求，此外，还有学者补充了两点内容：课程设置上不仅包括十四门核心课程，还需要吸纳其他如外语、伦理学等课程；在学生人数上即生源的招录上也应该做出限制，否则不断扩招将会和现有的学校师资产生矛盾，从而无法保证教学质量。

总之，法学教育的一元化要求“法律本科才是全国统一的大学法学院法学第一学位”，在其他类型的层次上不应设立法学专业，开展法学教育，只有这样，才能符合我国法治建设在国际化背景下的新要求。

九、法学教育国际化问题突出

法学教育国际化发展的前提是我国法学教育应实现内涵式发展，不再是单纯地追求GDP的达标。所谓类型化主要是指同类化，多种类问题突出。我国法学教育虽已具规模，但发展不平衡，特别是在服务需求、学科结构、培养类型、区域布局等方面发展不平衡，我国法学教育在国际化道路上还存在诸多问题。

（一）师资队伍国际化水平低

实现法学教育国际化离不开一支具有国际化水平的师资队伍，从现阶段我国高校法学院的师资队伍来看，大部分教师并没有出国留学经验，对国外的法律环境及法律文化并不了解。

部分教师虽然有访学经历，但是访学的时间较短，对国外的法律环境还没有更深入的了解。在教授学生的过程中仍是以第二手或者多手资料为主。特别是教授国际法方面的教师，本应该具有国际视野，虽然我国开设法学课程的院校较多，但是只有一小部分师资力量雄厚的院校在这方面有能力为学生提供了解更多国外法律知识的教师，而大部分院校在教授法学课程时对于国际化教学只能心有余而力不足。

从语言方面来说，英语作为当前全球通用语言在跨国交流中占有很大优势。在法学教育尤其是法学理论的教学中，我国很大一部分都是借鉴西方，从西方的法律思想中受到启发的。在科研中，英文形式的论文也体现了一定的研究质量。如果不能破除语言障碍，对法哲学以及比较法学等理论的研究都是徒劳的。

在选聘外国法学教师的过程中，我国一部分院校更多的是重视外籍教师的身份背景，对其专业能力的考查要求却不高。还有很多院校没有外籍法学背景的教师，纯粹由本地教师组成。各个院校的师资队伍水平不一，人员组成也不同，在教育教学的过程中对国际化的法学教育也会顾此失彼，最终导致我国法学教育国际化发展不均衡。所以，拥有一支高水平的国际师资团队，对我国法学教育国际化的发展有关键性的作用。

（二）法学生国际交流参与程度低

当前阶段，法学生参与国际交流的途径主要有出国留学、参加中外合作项目、参加境外培训等。许多法学院校也认识到当前法学教育国际化的重要性，也会开展各种活动提升学生的国际化水平，但是总体效果并不明显。造成这一现象的原因不仅是校方的重视程度不够，在学生之间的宣传力度不到位，使很多学生都没有认识到法学知识的学习不仅要熟悉本国法律文化，同时也应适应社会发展，了解国外法律环境，拓展自己的国际视野。

此外，还有一部分是因为我国现阶段法学生的国际交流一般都是出国留学，而出国留学花费巨大，大部分学生负担不起，即使有一些学生想要去增长自己的见识，拓展自己的视野，也仅仅是停留在想的层面，没有付诸实践。

我国很多学校都会招收留学生，这不仅可以促进我国文化的传播，还可以促进不同国籍学生之间的交流。但是这一效果在很多学校中并没有体现出来。大多数高校在留学生管理方面都有区别于其他学生的管理系统。留学生在学校中的学习、生活一般都是和其他学生区分开的。所以，在学校的学习生活中一般很少见到留学生和内地生一起学习的场景。这很大程度上隔绝了不同国籍背景学生之间的交流。有学者在线调查过，很多院校的法学院中很少有国外留学生，这让很多法学学生在不出国门的情况下又少了一条可以拓宽自己视野的机会。

在法治国家的建设过程中，法学教育的国际化是应重点关注的。在促进学生的国际交流中，对于“走出去”的学生要密切关注其学习状况，跟踪了解，对于留下来的学生也要提供各种途径使其在本校就可以拓展自己的国际视野。

（三）法学国际化课程体系不完善

国际化并不是一个固定的教学模式，也不是说西方国家法学教育国际化的发展是完美的，我国的法学教育国际化还是应该结合自身特色，设置符合我国法学教育发展的课程体系。我国一些高校为了适应国际化的要求，设置课程不合理，甚至重复设置，造成理论与实践脱节。我国法学学科的专业设置更大程度上是通过行政路径主导完成的，更多地体现了国家的政策倾向，高校的自主权相对较少。在课程设置中，对法学前沿问题教授过少甚至没有，对法学理论学科也不很重视，在基础不牢的情况下使得大部分法学生在学习过程中处于迷茫状态，认为只有实务方面的课程才是重要的，更不要说去学习国际方面的知识，这极大地限制了我国对国际化法治人才的培养。

相比于国外的课程体系，其更好地结合了人才培养与市场导向。在专业设置上以课程为基础，在法学课程选择上不仅以本国的课程为必修课，也会将国外的一些课程设置为必修课，让学生更多地去了解不同国家的法律体系。我国有关比较法、外国法制史等涉及国外法律知识的课程一般都是选修课，学院、教师、学生三方主体都没有足够重视，有的课程更是因为所报人数较少而被取消了。

从国内外课程体系建设的鲜明对比可以看出法学教育国际化的发展程度。法学教育国际化的发展离不开完善的课程体系，在课程体系建设方面，应考虑多方面因素，也可以借鉴西方先进国家在发展法学教育国际化过程中的法学课程体系，不仅可以为我国法治建设输送更多优秀的国际型法治人才，也可以促进我国法学教育的整体发展，真正实现高等教育的内涵式发展。

十、法学教育职业化和专门化程度较低

法学教育职业化是法治社会、法治中国建设的基础，法治化的社会、法治化的中国需要懂法、能用法的法律人。而我国目前的法学教育还是如对待中小学生一般，大多采用灌输法学基础理论知识和阐释一些较常用的法条内容式的讲授法教学方法。而我国目前的这种法学教育教学方法会使得学生较难以洞察实务和理论中存在着的本质差距。

因此，我国现在的法学教育培养模式其实是一种非职业化教育。在党的十九大报告强调推进全面依法治国的法治背景下，我国的法学教育也需要进一步发展、完善，为法治社会和法治中国的建设提供充足的智力支持和人才支持。

提法学教育是职业化、专门化的教育，并不等于不要开展通识教育，我国仍然要通过全面的教育来培养学生的家国情怀、社会责任感等。我国所倡导的法学

教育职业化和专门化不是否定和颠覆当前的法学教育，而只是在现有法学教育基础上进行的一种修正、调整和改良，进而更加能适应法治社会、法治中国的建设。职业化的法学教育仍然是要进行一定程度的通识教育和素质教育进而进行传播通识性法律知识的大学教育。

就其本身而言，职业化、专门化的法学教育肯定会在实现程度和发展阶段上存在一定的差异。但无论如何，职业化和专业化都是其发展到一定程度不可缺少的环节。当前中国的法学教育走到了职业化、专门化的路口。最后，职业化、专门化的法学教育是一个开放的、持续的和不断向前推进的过程。职业化和专门化的法学教育从来没有，也不会排斥一切形式的改良和创新，尤其是把法教义学方法应用到法学教育中来。

对任何一门学问的研究，都离不开方法的指引。作为传播学问最基本途径的教育，更应当关注方法论问题。方法论是人们认识和改造社会的有效工具。作为一种法学方法论，法教义学必定属于一种法律思维方式。法学教育在教学中对方法问题则更为重视。我国在法学教育过程中对学生实践能力的提高还有很大的不足，而法教义学正是以法学方法为核心范畴的一种方法论范式，其在法学教育的职业化、专门化改革进程和应用型法治人才培养中具有独特的优势。

我国目前的法学教育在“运用一定的法律方法来解决理论知识和法律实践之间的矛盾”方面存在较大程度的不足，所以我们可以把法教义学应用法学教育教学过程中，法教义学为法学教育的职业化和专门化提供了新的视角，法教义学可以逐步提高法律人查阅法律法规法条信息的能力及分析案件事实的能力等，并为法律人提供一种富有体系化、稳定化的法律思维模式，将此作为我国法学教育的职业化、专门化改革的理论依托，推动我国法学教育的长足进步与发展。

法学教育的根本目标是培养兼具扎实的法学理论知识与一定的法律实践能力的法律人，而法律人才培养的根本目标则是对法律规范性思维能力和法律方法论的培养。法律人才的培养目标与法教义学的内涵及其功能，特别是它的实践品格不谋而合，它为法律人提供了一种富有普适性、体系化、稳定性、规范性的思维方法。由此，法教义学能解决我国法学教育职业化和专业化过程中遇到的问题，把此方法运用到我们具体的教学实践活动中，进而形成一种更加系统化、互动性更强的法学教学方式。

实际上，正是法教义学通过解释原则的研究和体系化的工作，给法律人提供了一种发现问题、分析问题并解决问题的有力工具，同时也带给我们一个看待法律问题、分析问题最终解决问题的全新视角，减轻了法律人分析案件事实和解决法律问题的压力，维护了法律规范本身和解决具体问题方法的系统性和稳定性，影响着法律人分析问题、解决问题的方式和道路。

法律实践操作本质上是一个内外结合、不断向前推进的过程，之所以说法律实践是一个内外结合的过程，主要是因为任何法律思维都无法避免主观性的价值判断。当我们将具有自己一定主观性的价值判断纳入法教义学给定的体系化、稳定性的实践中的，法律人纯粹的主观意愿才有可能被限制。也就是说，我们在运用法教义学方法思维处理具体的案件时，必须做到以一个国家现有的法律规范为前提，然后借助其去找到此具体案件事实与某一抽象法律规范的连接点，然后经过一系列说明、解析、分析等工作，进而最终得出裁判结论。

在生活中，法教义学并不仅仅满足或停留在其要告诉人们法规范及其所对应的秩序本身“是什么”，更是在告诉人们“为什么是这样”。法教义学对实现兼具理论知识与法律实践能力的法律人才培养的根本目标具有重要意义，它也是实现法学教育职业化与专门化的一个关键环节，对法治社会与法治中国的建设更具有不可比拟的意义。

第六节　国外法学教育对我国法学教育的启示

一、明确法学教育层次及目标

法学教育的性质及目标决定了法学教育的方法及培养模式，而不同层次的法学教育目标也有些许差别。美国法学教育是职业教育，法学教育初级阶段定位在研究生层次。但在我国就目前来说，将法学教育初级阶段定位在研究生层次是不切实际的。但是，我国应当严格控制、把关法学教育的办学条件、办学资格等，逐渐取消一些不正规、不符合条件的办学机构。就教学目标而言，我国在大学本科阶段没有突出职业教育或学术教育的明显偏向，而是由各个学校自行摸索办学特色。在研究生阶段，也存在混淆法律硕士和法学硕士的倾向。相较于德国和日本的双重教育模式，我国在教学设计中似乎缺乏职业教育的内容。实际上，我国的假期实习和毕业实习在制度和管理上都有缺陷，导致许多学生在踏上岗位之前并没有真正感受和熟悉法律实务。在本科阶段，法学教育的目标应紧紧围绕法律职业，全面培养学生的专业素养、职业技能、职业道德、人文科学素养，重点培养学生的实践技能。在研究生阶段，应明确区分法律硕士研究生和法学硕士研究生的培养目标，分清“应用型”和“学术型”法律人才。重点培养应用型、复合型的法律硕士研究生，使他们具有较本科生而言更专业、更全面的职业技能和职业素养，以满足我国法制建设过程中对高素质、复合型法律职业人才的需求。对于法学硕士研究生及法学博士研究生，应坚持适量、高质的原则，其教学目标应放在理论研究上，重点培养其理论学术研究能力，满足我国法学教育和法学研究的需求。我国“卓越法律人才教育培养计划”中也体现了这一点。

二、增强法学教育内容的灵活性

法学是一门具有实践性的、复杂的社会科学，法学教育的内容应当体现出实践性、灵活性等特点。

一是实践教学形式的多样化。日本的法科大学院不仅针对教育目标改革设立了诸多必选的实务课程，同时还通过丰富临床法学教育的形式，确保学生真正参与法律实践。临床法学教育不再局限于过去的法律诊所，而是创新性地通过与律师事务所合作，在开发案源的同时实现法律实务能力的培养。在授课方式上，除了传统的基础授课之外，还通过演习课、实习课的形式丰富学生在法科大学院的实践学习，值得我国本科教学借鉴与参考。

二是实现法科大学院与司法考试的衔接。在设立法科大学院之前，日本的国家司法考试任何人都可以参加。在法科大学院设立以后到现在，日本已经基本过渡到只有法科大学院的毕业生才可以参加司法考试，从而实现了法科大学院制度与司法考试的衔接，同时又确保了法律职业申请人具有较高的法律素质。由于法科大学院具备培养研究型人才与实务型人才的双重优势，因此由该学院向国家输送法律人才能够最大限度地实现司法考试的功能。而我国当前却显现出法学实践教育与司法考试脱节的现象，这是不合理的。

三是强调“两个站点”资源的合理配置，避免重复教育。日本还注重法科大学院（第一站）与司法研修所（第二站）的衔接。鉴于两者都具有实务培训的功能，为了防止两者过多地出现功能重叠的现象，对司法研修所的内容和形式进行了调整，从而更好地节约了教育的资源与成本。

三、采用多种教学方式

我国目前课堂教学仍旧普遍采用单一的讲述课本理论知识的方法，缺少互动，缺乏理论与实践的结合，这样无法培养出具有法律职业思维方式和实践技能的高素质法律人才。因此，我国应该改变“满堂灌”的教学方法，采取启发式、互动式方法，并根据我国实际情况做出相应调整，即总体上以讲述方法为主，以案例教学法为辅，二者相互补充。在本科高年级及法律硕士阶段可多采用案例教学法，研究生阶段应采用研讨班方法。受客观条件的限制，我国的法学院常常会采取大班化教学，无法让每个学生都参与讨论。在这种情况下，不如尝试一下请研究生作为助教的方式，在任课教师完成课堂教授任务后，由一个或多个助教来组织学生研讨。在教材方面，可选择最高人民法院编撰的案例教材，并且在编写其他教材时应适当改变传统方式，以培养学生法律思维及实践能力。在考核上，也可以更加多样化，可以尝试社会实践报告、小组讨论的成果展示、论文撰写等方式；不仅有书面的考核，也可以考虑口试，以鼓励学生主动思考与创新，提高其全方位的能力。

四、培养应用型法律人才

（一）高起点的法律人才培养

美国对于应用型法律人才的培养方式进行深入的探讨，发现美国的相关法律人才在进行法律专业知识学习之前，都拥有良好的学术背景，其中大部分人都获得了本科学位。这样美国国内学生在进行法律专业知识的学习时就拥有了良好的人文基础和一定的实践基础，学生在平时参与相关知识的学习过程中就会更加容易理解和掌握，在处理和分析相关法律问题的过程中所站的角度以及思考问题的深度和广度就会得到加强。而且很多本科学习的知识也会对今后法律专业的学习有很大的帮助，比如本科学习经济学的学生在分析经济事务纠纷时肯定会比较得心应手，本科学习医学专业的学生在处理医疗事故纠纷时肯定会更有经验，本科学习会计学的学生在处理公司金融案件时会显得更加专业化。

与美国相比，我国的应用型法律人才在接受法律专业知识教育之前，几乎很少有类似的人文社会背景，国内学生在进行法律专业知识的学习过程中对知识的理解能力和思考问题的能力也会受到一些影响，其处理实际问题的角度以及思考问题的深度有可能不及同时期的美国学生。因此在整个教学过程中，中国学生的综合法律素养在一定程度上与美国学生就会有一定的差距，这种实力上的差距又会严重影响中国当前法律人才的培养，长此以往，其对我国的法治建设也会产生较强的副作用。

要想改变国内的法律教育人才培养起点较低的问题，相关教育部门以及国内高校可以积极尝试采取一些措施改变当前法学专业学生的招生模式。首先，在个别高校对法律人才的招生模式进行试点改革，改革的重点是鼓励其他专业的本科学生修读法律硕士学位，在法律硕士研究生的招生过程中，对有非法学专业本科背景的学生应给予适当的加分。如果非法学专业的法律硕士研究生毕业之后显现更强的综合素质，则可以逐步推广这种招生模式。其次，允许非法学专业的大二学生转向法学专业进行学习，这样做将会带来一些积极影响。一方面，很多在大一、大二期间有一定其他专业知识背景的学生如果进行法律专业的学习，将会拥有一定的人文知识背景和社会知识；另一方面，很多十分热衷于学习法律知识的非法学专业学生拥有了第二次选择自己专业的机会，这无疑将为中国法律人才队伍的建设注入更多新鲜的血液。最后，如果以上措施均未取得良好的效果，教育部门和国内高校可以尝试取消法学专业本科教育环节，所有法学专业的学生都必须获得本科学位。这样，整个招生模式的改革就能在很大程度上改变国内法律人才起点较低的现状，才能够真正有效地提高我国应用型法律人才的综合能力，以适应国家和社会的需求。

（二）高层次的法律人才培养

美国和德国的法律专业人才教育周期大多在 7 年以上；放眼国内，法律本科教育为期 4 年，其中大一、大二主要是公共课程的学习，如政治、英语、体育等，大三、大四才进行专业课程的学习，且大三、大四的学习还包括实践课程的学习。所以国内学生真正学习法律专业知识的时间才 1 年左右。要想改变这种现状，可以尝试从以下几个途径着手：首先，将法律本科教育的时间进行适当的延长，可以在某些高校先进行试点，将本科教学时间延长到 5 年。为了鼓励广大学生积极报考这些学校的法律专业，一方面可以适当降低该专业的录取分数线，另一方面可以争取国家相关政策的支持，比如，大幅度降低本科期间 5 年制学生的学费。其次，鼓励法律专业的本科生以及其他专业的本科生攻读法律硕士学位，更加深入地学习法律专业的知识。鼓励途径包括适当扩大法律硕士的招生规模，采取各种措施提高法律硕士的就业率和就业质量。最后，要加强本科教学质量的监督和管理。对广大在校学生学习课程的考查难度要适当加大，考查知识的覆盖面要扩大，考查深度要拓展，考试形式的多样性要丰富；每一门专业课程的考查方式除了闭卷考试外，还可以尝试采用开卷考试模式，增加涉及社会实践调查的相关报告和论文。这样，学生要想通过该门课程，不仅仅要全面深入地掌握课本知识，还要提高参加社会实践活动的能力，在真正意义上实现综合素质的提高。

（三）目标化的法律人才培养

美、德等国在对相关的应用型法律专业学生教学的一开始，就有十分明确的职业化教育目标。有明确的职业化教育目标以后，学校的各项教育工作都会紧紧围绕这一出发点，各种教学方法和教学内容针对今后想从事不同法律职业的学生将会有所不同。这样做就大大增强了学习专业知识的针对性，大幅减少了那些无关课程的学习，这样就节约了很多时间，使得学生有更多的精力去深入学习有针对性的课程。

在我国法学本科教育期间，特别是在大三、大四两学年要对选择不同发展方向法学专业的学生“因材施教”，所选择的发展方向不同，那么所学习的课程和相应的实践教学也会存在明显的差异。增强学习法律相关知识的针对性，只有这样，学生的专业能力才会明显得到提高，学生毕业之后适应社会工作的能力就能在一定程度上得到提高。

（四）一体化的法律人才培养

美国和德国法律人才的培养都分为专业知识教育、职业教育和继续教育三部分。这种法律教育的培养模式能明显提高法律人才的实践能力和专业素养。我国也可以逐步尝试采取此种教育模式，建立一种完整的人才培养模式，将高等院校与社会教育机构紧密联系在一起，真正发挥高等院校和社会教育机构的长处，为我国职业型法律相关人才的培养提供良好的成长环境。

五、发展诊所式法律教育

“诊所式法律教育”作为一种新式法学教育方法，于 20 世纪 60 年代在美国法学院兴起，也称为法律诊所教育。该教学方法自出现即在美国法学院展现出强大的生命力，几乎所有法学院都在教学过程中或多或少地应用诊所式法律教育。从 2000 年开始，在美国福特基金会的支持下，北京大学、清华大学、复旦大学、中国人民大学、武汉大学、中南财经政法大学、华东政法大学 7 所高校开设“法律诊所教育”选修课程，开启了诊所式法律教育在我国的实践历程。

从诊所式法律教育的概念出发，诊所式法律教育突出实践性，兼顾理论性，让学生在真实的案件环境中为当事人提供法律服务，学生是真实案件的参与者。诊所式法律教育有别于传统法学教育，有其独特的特点。

①以学生为中心。在传统法学教育课堂中，教师是课堂的主宰者，由教师把握课堂的节奏及学生所要学习的内容。而在诊所式法律教育课堂中，“学生由一个被动的听课者到一个主动的办案者的身份转换”，所有课堂教学均以解决学生所承办的案件为中心，教师只起到引导及帮助的作用，让学生能够充分发挥其在案件中的主动性。诊所式法律教育让学生成为法律学习课堂的主人，学生在课程中对自行查找到的线索进行搜索并思考，自觉地将法学专业知识转化为实际解决法律问题的工具，在此过程中一并增强职业责任感。

②真实性。学生在诊所式法律教育设置的真实场景中所使用的案例为真实的案件，所面对的当事人、证人、对方律师、法官等均具有真实身份，所经历的过程也是真实发生的，而不是虚构的、模拟的。

③实践性。诊所式法律教育突出实践性。在诊所式法律教育课堂中，学生从会见当事人、了解案件情况、收集证据、法律分析、起草法律文件等方面参与案件处理的全过程，能够训练会见、调查、沟通、调解、诉讼等法律职业技巧。这区别于传统法律教育重视理论教学而轻视实践教学的特点，尤其是能够培养“学生对法律问题的判断力和解决法律问题的方法与技巧”，培养学生的法律职业责任心及应变能力，规范学生的法律职业行为。

④应用性。诊所式法律教育在促进学生将法学理论与法律实践相互结合方面进行了有益的探索，诊所式法律教育要求学生将法学理论应用到法律实践中。首先，应用的前提是学生需要全面学习法律专业知识，增加学生法律知识储备量。其次，诊所式法律教育教学内容的设计具有应用性，且有其自身的教学规律与教学手段，能够教给学生对法律问题进行“把脉问诊”的方法与技术，使学生熟练掌握应用法律规范的工具。最后，诊所式法律教育让学生在应用法律知识解决法律问题过程中，面对新情况和新问题，能够始终充分发挥主动性、积极性，不断完善自己的知识体系以解决问题，最终提升学生分析法律问题与解决法律问题的技能与素养，提高学生的法律应用水平。

⑤开放性。在诊所式法律教育中，学生需要为当事人提供法律服务，学生必然会与当事人、证人、对方律师等进行接触，在此过程中学生能够学习经验，提

高法律职业技能。这就决定了诊所式法律教育所面对的是开放的环境，所接触的人和事亦是开放的而不是封闭的。同时，开放的诊所式法律教育，不仅能够让学生向教师学习，也能够促进教师与学生之间的互动交流、学生与学生之间的相互学习，培养学生的团队协作能力。

⑥评价体系多元化。诊所式法律教育拥有多元化的评价体系，包括学生自我评价、社会评价、学生案件小组内互评、教师评价四部分。由于学生在诊所式法律教育中面对的是开放的人和事，学生所承办案件的成败、当事人的满意度、教师与其他学生对承办案件的学生在提供法律服务时的整体评价等，均会对诊所式法律教育的结果产生影响，仅靠传统的考试评价方式无法全面衡量学生在诊所式法律教育中的表现，因此必须由不同角色从多个角度进行综合评价。

在我国发展诊所式法律教育，要多元合作，全方位解决案源有限的问题。开拓案件来源，解决诊所式法律教育案源有限的问题，可以从以下方面着手。

①依托司法行政部门的法律援助机构，有保障地获得案件来源。高校可以与当地法律援助中心进行对接，对于当地法律援助中心受理的案件，将符合诊所式法律教育教学需要、适合学生提供法律服务的案件交由法律诊所的学生办理，同时又能够缓解当前法律援助案件供需紧张的关系，法律诊所的学生经过严格系统的律师技巧训练，可以弥补法律援助人力资源的不足，缓解法律援助供求关系。法律援助机构从接待、咨询、审查到参与代理，丰富的服务形式为诊所学生提供了全方位实践的机会，充裕的、类型各异的案源正好满足诊所选择合适案件的需要。

②强化与法院、检察院、律师事务所等法律实务部门的合作，与法院、律师事务所等法律实务部门共同建设诊所式法律教育实验室，并签订共建协议，由法律诊所的学生作为见习助理，相关法律实务部门必须确定一名法官、检察官或者律师作为兼职教师，帮助、引导法律诊所的学生提供法律服务。此外，学校也可以与社区法律中心、中华全国妇女联合会、人民调解中心等机构合作，解决学校诊所式法律教育案源有限的问题。

国家有关部门如教育部、司法部、最高人民法院、最高人民检察院、中华人民共和国公安部可以从促进法律职业教育发展的角度出发，联合出台“法律诊所学生执业办法”，赋予法律诊所学生的“准律师”身份，确保法律诊所学生更好地参与法律实践活动。另外，明确法律诊所学生执业规则，不仅能够保护法律诊所学生在从事法律实践活动中的权利，也能够明确法律诊所学生的义务，并对学生的法律实践行为进行约束。

六、打造高水平的师资队伍

发达国家的大学教授一般都享有较高的权威和社会地位，受到人们的普遍尊重。而想要成为教授，一般都需要经过相当长时间的考查和磨炼。例如德国的法学教授，以优秀的成绩取得博士学位后，需要继续深造以取得教授备选资格，然后等待教师席位空缺，提出申请，竞争上岗。这种长时间的等待，不仅考验其学术上的虔诚，也有助于摒去其浮躁的情绪。在法学教育领域，我国应加快建立起高水平的师资队伍，可以从以下几个方面进行：应该尽快提高教师的工资待遇；争取优秀毕业生留校任教；争取实务界人才，如律师、法官来校任教，增强教学实践性；职称评定合理化；完善“选教制”，促进教师之间的良性竞争，使其不断提升教学水平；为教授提供更多与优秀法学教育者学习交流的机会，与时俱进，在学习中不断改进教学方法，提升科研水平。

七、加强与法律职业界的联系和及作

我国法学教育界一定要与法律职业界加强联系，为社会主义法治建设培养更多有用人才。通过观察英、美两国的法学教育，我们会发现无论是英国分阶段的法学教育模式，还是美国本科后的法学教育，都是与法律职业发展的需要紧密相连的。法律职业阶层也投入法学教育中，英国有专门的职业教育和实习教育阶段由法律从业者来完成，英、美两国日益成熟的诊所式法律教育与法律从业者更加密不可分。因此，我国法学教育界与法律职业界应当借鉴英、美两国的经验，双方通力合作，在互相理解的基础上，加强法学教育的合作。实际上，受到市场的压力，法学教育界开始试图与律师等法律职业阶层合作，回应来自社会各方面对法学教育实践性取向不足的指摘。20 世纪 90 年代中期之后，法学教育普遍受到了市场的压力，法学教员参与法律实务日益增多，法学院才普遍开始聘请律师讲学。不过，这还只是开始，法学教育界与法律职业界的合作，还有很长的道路需要走。

法学教育界与法律职业界应当长期合作，逐步建构统一的法学教育体系，这是英、美两国法学教育实践性特征对我们的启示。虽然自 20 世纪 90 年代以来，我国的法学教育有了长足的发展，法学专业也成为全国高等教育最热的专业。但是，因为对社会需求、办学规律、办学条件的认识不足，一些单位和个人把法学专业视为有利可图的“唐僧肉”，不管自己是否具备举办法学专业所必需的基本要素，在一无法学师资，二无法学图书资料，三无计算机房、模拟法庭、语音室等基本物资设备的情况下，盲目开办法学教育。现在，几乎所有的大专以上的学校都开设了法学专业或法律专业，有的中专学校也开设法律专业，这种法学专业遍地开花的结果使得学生整体质量不高，难以满足社会的需要，从而形成了社会急需大量法律人才，而大量的法学生因不适应社会需求而无法就业的尴尬局面。鉴于此，法学教育界应当与法律职业界通力合作，尽最大可能地早日实现我国法学教育的统一，同时做好法学教育与后续职业训练的衔接工作。

第七节　法学教育国际化发展路径

一、建立完善的政策法规

（一）重视相关立法建设

我国有关教育的法律法规及各类文件不在少数，如《中华人民共和国高等教育法》（2015 修正）（以下简称《高等教育法》），《中华人民共和国义务教育法》（2015 修正），《中华人民共和国教育法》（2015 修正），《中华人民共和国中外合作办学条例》（2013 修正）（以下简称《中外合作办学条例》），国务院批转国家教育委员会《关于出国留学人员工作的若干暂行规定》的通知，财政部、教育部关于印发《出国留学经费管理办法》的通知，《中共中央关于教育体制改革的决定》，中共中央、国务院关于印发《国家中长期教育改革和发展规划纲要（2010—2020 年）》的通知等。单从数量上可以看出我国对教育事业的重视程度。但是从内容上看，我国对各个阶段教育的重视程度有所不同，对义务阶段的教育，无论是中央层面还是地方层面明显更为重视。对我国本身教育体系的改革也在逐渐加深，但是有关教育国际化方面的立法还不完善。同时，从这些法律法规及文件上来看，更多的是从宏观方面来规定的，微观层面很少涉及。以《高等教育法》为例，有关教育国际化的内容只是规定了“高等学校按照国家有关规定，自主开展与境外高等学校之间的科学技术文化交流与合作。”显然政府把教育国际化的任务交到了高校自己手中。在《中外合作办学条例》中更多地规定了合作办学机构的设立及法律责任以及一些办学原则，而对教育国际化的发展规定较少。完善的立法保障是实现教育国际化转型的基础，也是法学教育实现国际化的重要支撑，更是培养国际型法治人才的温床。在立法方面，我国还应做到将宏观指导与微观指示相结合，细化法律。

基于以上论述，在宏观指导与微观指示方面我国法律法规可以从以下层面着手。国家层面的法律法规应以大局为重，在制定相关教育法律法规时，首先应将对教育国际化发展的重视程度予以提高，而不单单是一笔带过，也不应将教育国际化的任务全权交于高校。在制定法律法规时，可以区分政法类院校、综合类院校、理工科类院校、师范类院校、专业性院校等，因为不同类的院校教育的侧重点不同，教学目标及教育需求也有所差异，应区别对待。在中外合作办学中可以具体规定办学形式、办学条件，对有能力开展合作办学的院校予以鼓励，立法应对各类院校的国际化发展进行监督与支持。而地方层面的法律法规应以特色化为重，在制定相关法律法规时，应注意结合地域特点，不能盲目照搬其他院校的经验。地方在立法过程中可以有序地实现各个门类的教育国际化。以法学高等教育为例，省级立法应从该省不同院校中的法学院入手，建设实验点，以点带面，实现全省发展。较大的市的立法或者地方性法规可以从法学学科的不同门类入手，规定有关国际法方面的法学学科首先有序进入国际化，对教师资格予以规定，如教授国际法方面课程的教师必须由有相关出国经验的教师教授等。

总之，要实现法学高等教育的国际化发展，完善的立法保障措施是必不可少的。从立法层面对法学高等教育国际化的发展进行强调并做出详细规定，是对国际化道路的指引，不至于让各大高校无目标、无目的地乱撞，也不至于让人们认为发展几项合作交流项目就实现了法学高等教育的国际化。不仅要从国家层面，也要从地方层面对教育国际化的具体方向进行规定。教育国际化首先要实现法学高等教育的国际化，这既是我国现阶段的国情使然，也是培养国际型法治人才、处理国际事务的需要，所以要完善有关法学高等教育的法律法规，促进法学教育的国际化发展。

（二）增加政策性支持

法学教育国际化的建设，单凭高校自身的力量是远远不够的，因此政府应当在这一过程中发挥作用，对高校进行一定的政策性补助。但这一过程中，政府应当注重统筹布局，对于政策性补助，尽量给予更多的法学院校。在此基础上打破强者恒强、弱者恒弱的垄断局面，使各院校之间协同发展，形成有序的国际化法学人才培养格局。

同时，政府以及有关部门可以引导高校建设有特色的法学教学体系，结合自身强项专业，如理工院校更加侧重知识产权方面的人才培养，海事学院更加侧重对国际法、海事法等方向的人才培养。这样可以最为有效地提高自身的教学水平，从而较好地满足我国法学教育国际化的需求。对此，我国高校要促使法学教育课程朝着国际化的方向发展，围绕国际化这一目标增设相应的课程，将具有国际化特色的法学教育和内容融入其中。

此外，要牢牢抓住当前信息国际化的时代发展契机，善于运用现代信息技术、互联网技术完善我国法学教育课程体系，以网络开放课程吸引更多的学生学习法律知识，达到高校教学资源互补的效果。

（三）建设现代化法学教育治理体系

建设现代化法学教育治理体系首先要处理好政府与学校、社会之间的关系。2017 年在《关于深化教育体制机制改革的意见》中提出政府应“坚持放管服相结合”的原则。在法学教育治理过程中，以清单的方式实现三者之间的平衡发展。法学教育的发展与社会变革密切相关，改革开放以来，我国法学教育体制机制得到不断深化，这也是我国法治建设不断完善的过程。在这一发展过程中，法学教育面临着不同的教学环境、政治环境，各异的教育问题，在自身发展中不断解决。

在当前情境中，我国法学教育面临着新的挑战，国际环境发生了重大变革，法学教育也应顺应时代发展，实现国际化法学高等教育。现代化法学教育治理体系应当是具有中国特色及世界水平的法学，需要强有力的制度支撑。积极推进与实施国际化发展战略，完善与法学教育国际化发展相关的领导机制建设，完善国际化办学领导机制，促进法学教育国际化发展按照具体的规范切实落实。最终形成集活力、效率于一体的，开放的，科学的法学教育机制。在政府的宏观管理、学校的自主办学以及社会组织的有序参与下发展具有中国特色的现代化法学治理体系，为法学教育的国际化发展创设一个有序的环境，使我国法学教育达到国际水平，走向世界之列。

高等教育制度的建设受现实社会政治、经济以及价值观等各类因素的制约，法学教育的建设受社会发展的影响较大，法律法规在一定程度上具有滞后性，但法学教育本身应具有前沿性。通过对高等教育制度的规范进而实现我国法学教育的系统化，完善我国法学教育体系，使其适应时代的需求，适应法学教育国际化发展的要求。我国法学高等教育国际化的发展还有很大的区域差异，要顺应时代的发展，实现我国法学教育国际化的全面发展还应重视其区域特性。法学教育国际化发展并不是说全部的法学院校必须整齐划一、齐头并进，而是应在统筹布局的前提下实现法学高等教育国际化的特色发展。建立适合法学高等教育发展的地域评价体系，通过多种方式找出适合自身法学国际化发展的方法。

所谓统筹布局，就是指针对不同类型的法学院校赋予它们不同的国际化发展任务。在法学教育中统筹兼顾，在法学院校之间、在不同地域之间实现一种平衡，促进法学教育国际化的全面发展。所谓特色发展，就是指在法学教育国际化发展过程中给予法学院校更多的自主权，使其更好地结合自身优势达到效益的最大化。不同的特色也可以体现出不同法学院校的优势，如在学科门类的划分上、在学生培养的目标上、在法律人才的培养层次上等。统筹布局与特色发展的有效结合，使得法学院校通过自身优势提高国际化水平，同时也有利于我国法学教育国际化的综合发展。

二、推动法学教育的国际化行进

法学教育的国际化大体上可以分为教育主体国际化、教育对象国际化、教育内容国际化、教育手段国际化、核心竞争力国际化等。调整法学教育内容，使法学教育更好地融入国际化发展中，对我国法学高等教育国际化发展具有积极意义。

（一）教育主体国际化

1. 加强教师之间的国际交流

国内高校可以按照签订合作协议的形式聘请他国优秀教育者来我国高等院校进行讲学，并派我校教师出国考察。需要注意的是，学校对于聘请的教师应该严格审查他们教育背景的真实性。

2. 加强学生之间的国际交流

国内高校可以通过校际项目合作的形式加强学生之间的交流。指导学生参加国际竞赛，如国际法模拟法庭辩论赛、国际仲裁模拟法庭辩论赛等。

（二）教育对象国际化

教育对象的国际化主要指学生的国际化。要加强学生之间的国际交流，通过校级合作项目，指导学生参与国际法模拟法庭辩论赛、国际仲裁模拟法庭辩论赛等国际竞赛，推动学生到国际组织实习实践等形式，提升学生国际化水平。同时，提高国际化培养水平，通过国际课程、国际交流项目、国际前沿讲座、国际学术会议等形式，让国际化教育惠及全体学生。

（三）教育内容国际化

对知识进行明确分层的做法对学生是非常有益的。教学的主要内容还是国内法，但可以加入国际化的课程。

首先，在完成本专业理论教学的基础上增加比较法内容。例如，教授合同法时增加对英、美两国合同法制度的学习，通过对比学习西方法律思维，丰富自身知识。

其次，增设他国法律制度选修课，使学生更多了解投资国法律制度，培养学生对法学学习国际化的兴趣，为未来助力我国各领域国际化发展奠定基础。

同时，不能纸上谈兵，要真正具有国际竞争力，就要能够在纷繁复杂的现实生活中培养法律思维与解决问题的能力。和一些具有跨国性法律业务的单位合作帮助学生实现从理论到实践的过渡。

再次，关注国际法律问题就不可避免会应用到如国际政治、国际金融、国际投资甚至是历史、文化等领域的知识。认真设计，设置相应选修课程。

最后，开设法律英语课程运用英文案例培养学生阅读、摘要案例的能力并鼓励学生学习多种语言。

（四）教育手段国际化

西方发达国家在法学教育中有两个比较成功的方法，分别是项目驱动法和案例教学法。国内教育者可以学习这两种方法。另外，鼓励学生创办国际法律期刊也是教育手段国际化的一个有效办法。学生在创办期刊的过程中就提高了自己调查和整理资料的能力，向全校介绍各国的法律制度和风俗习惯，既能提高学生自主学习的能力，也拓宽了学生的视野。

（五）核心竞争力国际化

正直、专业、尊重多样性是联合国对核心价值观的要求；沟通、团队合作、计划和组织、问责、创造力、客户向导、不断学习、IT 能力是联合国对其工作人员核心竞争力的要求。根据这些要求，要培养学生世界公民的情怀与较强的跨文化工作能力。

三、完善法学教育培养机制

完善法学教育培养机制是教学过程中的一个重要环节，法学院校培育机制大致分为四部分，分别为入学制度、培养目标、课程设置以及教学方式，通过对这四部分进行改革，我国法学高等教育国际化将不再是粗放式的发展中外合作办学与交流，而是更新教育理念、提高教学质量、规范教学制度。同时，我国法学高等教育也将摆脱“引进多、输出少”的困境，以更好地促进我国法学高等教育国际化的发展。

（一）规范法学教育入学制度

从法学教育的入学制度来说，没有好的生源，其他都是空谈。

现阶段，我国各大高校法学院的本科生招生以文科生为主，一小部分理科生也是在不情愿的情况下调剂过去的，基于这种情况，对于本科生应注重文理科的共同培养，法学教育涉及生活的方方面面，需要具有不同学科背景的学生共同交流学习。

研究生阶段相较于本科阶段更好，分为法学硕士、法律硕士以及非法学硕士、在职硕士等，虽然分类较多，不同学术背景的学生较多，但是在实质上所学内容又需要另说。

除了政法类院校对法学生的入学素质要求较高外，一般类院校中对法学生的要求形同虚设。法治国家的建设使诸多大学法学院实施扩招计划，以增强全社会的法律意识，逐渐降低入学门槛，效果不理想。

我国法学不仅要发展普通教育，同时还要培育精英人才、国际化法律人才，这点从入学制度上就应当体现出来。所以，应对入学制度予以规范，不能盲目扩招，单纯地增加法学生的数量。此外，还应注重学生的质量以及不同的学术背景与学习经历。通过法学生入学制度的规范化，提高法学生素养，为更好地实现法学教育国际化储备新生力量。

（二）调整法学教育培养目标

从法学教育的培养目标上来说，经济全球化要求法学教育国际化，要求法学教育培养更多的国际复合型法律人才，对我国法学教育国际化提出更高的要求。通过对国内外法律环境的衡量，调整我国法学教育的目标尤为重要。例如，法学教育在注重学术发展的同时适当偏向法律职业教育。经济全球化对法律职业者的要求提高，每年法学院毕业生大部分都会从事法律实务，而专注于学术研究的毕业生可谓少之又少，如果一味地重视学术研究而忽视法律职业教育，不仅不会促进我国法学教育的发展，反而对我国法治社会进程也会形成阻碍。通过国家统一法律职业资格考试的改革可以看出我国在逐步提高法律实务界的能力，所以法学教育也应跟上改革的步伐，培养更多务实的综合性、国际型法治人才，适应国家的发展。法学教育不是一种“创收”的工具，确立法学教育国际化的培养目标应注重实践经验的重要性。我国的法学高等教育应做到理论与实践的并重，在经济全球化的大背景下，发展法学教育的国际化明确其目标至关重要，这影响着后期一系列的教育任务，对国际化法学人才的培养产生连锁效应。

（三）优化法学教育课程设置

要在课程建设中融入国际先进的教育理念和跨文化的知识，培养和拓展学生的全球观念和国际视野。课程体系的构建还要重视与法律职业教育的衔接，填补法律职业伦理课程的空白，提高实践教学比例，开设法律诊所场景模拟类课程，加强校外实习基地建设。此外，要打破专业壁垒，开设学科交叉融合课程，重视国际法内容的教学，同时设计相关选修课程，引导学生关注国际法律问题，提高学生对外语的学习和使用能力。

第四章　法学教育教学模式的改革

法学教学模式作为法学教育的重要构成要件，直接影响着法学教育质量，是培养合格法律人才的重要途径，承担着传授知识经验、训练职业能力、培养法律专业人才的重要任务。本章分为法学教育教学模式的发展历史、现行法学教育教学模式存在的问题、法学教育教学模式的革新三部分，主要包括古代法学教育教学模式、近代法学教育教学模式和现代法学教育教学模式，法学教育目标存在的问题等内容。

第一节　法学教育教学模式的发展历史

一、古代法学教育教学模式

在教育模式上，中国古代法学教育以学校教育为主，社会教育缺乏。法学教育应当是学校教育与社会教育相结合的普及性教育。我国在奴隶社会时期就已经有了学校教育："夏曰校，殷曰序，周曰庠，学则三代共之，皆所以明人伦也。"据《礼记·学记》记载，先秦时期"古之教者，家有塾，党有庠，术有序"。秦汉以后，教育模式较为固定，称谓有所不同，但在中央和地方都设有学校，比如中央设有国学、太学、律学馆，地方设有郡学、县学和乡学等教育机构。除了"官学"外，一些朝代的"私学"也较为发达。

法律知识的学习主要靠学校来教授传播。在社会教育方面，中国古代的法学教育主要体现在三个方面：一是公布法律，郑国子产铸刑鼎后，公布法律，为各统治者所采纳，揭开了法律的神秘面纱；二是公开行刑，如"午门斩首""游街示众"，使人们认识到违反法律的严重后果；三是讲读律令，出现了一些法律解释的书籍，便于吏民了解法律。这些措施在一定程度上使民众"知法""守法"，但都局限于让民众简单地知道法律，中国古代普通民众法律知识水平不高以及法律素养不高与社会教育的不发达是紧密相关的。

二、近代法学教育教学模式

中国法制史和中国法律思想史尽管关系密切，但在清末民国时期，仍然呈现出“各自为政”的局面，并没有统合于一个学科之下，从两者的产生和发展来看，也呈现出不均衡的“一头沉”现象。

从形成时间上看，尽管现在并不能对中国法律思想史学科的确切形成时间进行界定，但通过已有资料还是能够得出中国法律思想史学科的形成远远晚于中国法制史学科的结论。当中国法律思想史学科形成以后，在课程设置上，民国时期中国法制史学科的性质尽管在学制中有所变动，但从整体上看主要还是以必修科目的形式存在，无论是国立大学还是私立大学以及法政学校，基本上都有对该课程的设置。而形成时间晚的中国法律思想史学科在民国学制中的地位却不固定，即便也是以选修课程的形式出现，但并不是法政教育的常客。

从研究上看，学界更注重对中国法制史的研究，而不是对中国法律思想史的研究。因此，从整体上看，中国法律思想史的研究成果在数量上远远不能与中国法制史研究成果相比。尽管中国法律思想史也有大作问世，如梁启超的《先秦政治思想史》、杨鸿烈的《中国法律思想史》等，但总体上看，与中国法制史的代表作相比，在数量以及影响力上还有所欠缺。另外，在研究方法上，中国法律思想史的研究方法也不如中国法制史的研究方法多元化。

近代意义上的法学教育始于清末，19 世纪末的“清末修律”运动是中国法律史上影响深远的法律革命，它不仅打破了在中国延续了两千多年的诸法合体的法律体系，也直接导致了清末法学教育的产生。1904 年，直隶法政学堂成立，标志着中国第一所比较正规的法学院校的诞生。到 1909 年，全国共设法政学堂 47 所，学生 12282 人，占当时全国学堂总数的 37% 和学生总数的 32%。

在北洋政府时期，中国法学是比较热门的专业，法学生的数量无论在全国大专院校的学生总数中，还是在综合性大学的学生总数中，所占比例都是很高的，一般均占 50% 左右。按照 1933 年的《考试法》和 1935 年的《法院组织法》的规定，将司法官的考试列为 13 类高等考试之一。与此同时，国民党政府对法学教育直接控制，司法院有权审批法学院系，规定统一的必修课程，审定年度教育计划，颁发毕业证书。这种直接控制使法学几乎成了“官学”，后来限制法学专业的招生人数，从而导致了法学院系数量的下降。另外，又调整和优化了法学专业的课程结构，模仿日本、欧美国家，逐步形成了以“六法全书”为核心的课程体系，并出现两种模式：一种是以朝阳大学、北京大学、武汉大学法学院为代表，以法律实务为重点的院系；另一种是以东吴大学、国立中央大学、湖南大学法学院为代表，以理论研究为重点的法学院系。

三、现代法学教育教学模式

中华人民共和国成立初期，由于受苏联的影响，我国法学教育全面学习苏联，包括讲授苏联法学、采用苏联教材。到 1950 年底，我国先后翻译出版苏联法学教材和法学专著共 165 种。1958 年的“教育大革命”批评了学习苏联的教条主义错误，各校开始自编教材。1963 年，在召开政法教育工作会议后，各校组织编写了一批内部使用的法学教材，但其内容也多受苏联的影响。最早出版的一批法学教材是于 1980 年由司法部成立的法学教材编辑部所出版的教材，以后又组织出版了若干批统编教材。由于受苏联教条主义以及我国法学教育“培养熟悉政策、法令的政法干部”目标的影响，我国法学教材的内容多为对政策、法律的注释，法学教育也以讲授政策、法律的条文为根本，为制定出的政策、法律做注释。与法条教育相适应，流行于我国大学讲坛的法学教育方法为“填鸭式”讲授方法。几乎每堂课都由教师在讲台上照本宣科，学生则在下面埋头猛记，与此相对应的是寻求唯一标准答案的考试制度。在这一阶段，我国法学教学模式是典型的以教师为中心的“传递—接受”式教学模式。

然而，高等法学教育不应培养大量的人云亦云的背诵机器，而应该培养具有独立思考能力、掌握法理精髓的真正法学人才。20 世纪 80 年代以后，这种教学模式一直受到人们的批判，人们认为此种教学方法单一死板，缺少师生之间的反馈和交流，对学生的实际技能训练不够等。与此同时，人们将目光更多地转向了案例教学法。案例教学法的基本内容是，教师筛选有代表性的判例，编纂成各种判例集作为教材发给学生。这些判例通常是已确立的法律理论的代表，同时也是对那些推理性强、文字良好的法律原则的总结。这些案件的事实常常含有疑难的法律上的争议点。学生在课前必须预习，由于所选判例争议点的复杂性，它们常常是对学生智力的挑战，刺激不同观点的产生。案例教学法的基本方式是问答式或讨论式。教师不是采用课堂讲授的方法，而是通常采用“苏格拉底式”的回答法授课，即教授并不授课，而是向学生提问题，然后根据学生的回答再提出一个新问题，如此循环往复。案例教学法具有一些明显的优点，如有助于学生生动活泼地学习，有助于培养学生独立思考、分析、推理和表达等能力，有助于掌握从事法律专业特别是执业律师的工作技巧等。在案例教学法中，教师和学生同时面对真实的判例，教师的任务是指导学生，学生是教学活动中的主角，学生的主体地位突出。

然而，法学作为法律的传播形式，与法律本身一样是无法被照搬的，因为任何国家的法律制度都不可能完全一样。法学是一种文化的表现形式，如果不经过某种本土化的过程，它便不可能轻易地从一种文化环境和法域移植到另一种文化环境和法域，法学教育及其方法也一样。迄今为止，我国的法学院系基本上没有按照美国式的案例分析法对中国法律进行教学。因为我国法学教学形式承袭了大陆法系的传统，我国的法律渊源也并非来自判例。美国的法学教育是一种大学后的专业教育，学生的来源和构成与我国不同。目前，我国的法学教育主要是在高中起点的生源基础上进行的，学生尚不具备基本的分析和解决问题的能力，还没有打下法学理论的基础或掌握某一法学专门学科的基本理论，如果入学伊始或初学某一专门学科，教师就直接运用案例教学法导入教学内容，是根本无法完成其教学内容的，即使在讲授过程中穿插案例分析，也只能是一种举例法，而非真正意义上的案例教学法。因此，在我国的法学教学中，虽然引进了案例内容，但是许多法学教师只是用案例教学法去讲授法律规则，让学生了解案件事实和案件内容，让学生理解这些内容，仅此而已。因此，所谓的“案例教学法”，只是一种举例法并非真正意义上的案例教学法，其实质仍应界定为讲授教学法，它所融合的仅在于案例教学法的外在形式而已，仍未摆脱传统的以教师为中心的“传递—接受”式教学模式。

第二节　现行法学教育教学模式存在的问题

一、法学教育教学目标存在的问题

（一）法学教育目标定位不准

我国的法学教育教学目标是“培养德智体全面发展的、坚持‘四项基本原则’、具有系统法学理论知识和实践能力的、能够胜任法律事务的专门合格人才”。但就具体的实践教学模式而言，我们培养的是法学通识人才还是专门人才？培养的是法官、检察官、律师，还是一般法律事务从业者？进行的是精英教育还是大众教育？尚不太明确。正如贺卫方教授所言：“在迄今为止的相当长的时间里，没有确定出一个稳定的目标。”这样就造成经过几年的大学本科教育，理论水平上该提高的没有提高，该有较强实践能力的人才没有培养出来，使法科毕业生既不能及时地从事法律事务，又不能较好地从事法学理论研究的局面。目标的模糊导致进入公检法部门的毕业生没有熟练的驾驭司法活动的能力。这就需要毕业生经过很长时间的系统培训才能胜任，不但影响了司法机关的工作效率，而且由于专业知识的不足，在一定程度上影响了司法活动的确定性和公信力。

随着市场经济的全面发展和经济全球化以及依法治国方略的实施，大量法律人才的需求和法律知识的普及，必将迫使法学教育逐步迈向大众化教育，而作为公平、正义化身的立法者、司法者，接受的教育则必须是精英化教育、专才化教育。大众化和精英化混淆不清的教育，不但影响了法律职业者整体素质的提高，而且从长远来看势必会影响到我国现代化法治进程和法治国家的最终实现。因此，必须重视高等法学教育的目标定位问题。

（二）人才培养目标的方向定位不明确

当前我国的法学教育教学模式，无论是全日制学历教育教学模式，还是成人在职或函授教育教学模式，无论是专科层次的法学教育教学模式，还是本科及研究生教育教学模式，人才培养目标几乎都定位于为国家输送合格的法律人才，也就是说致力于对法律人才的培养和教育。然而根据世界各国的经验，培养一名合格的法律人才，其要求是很高的。它要求法律人才不仅应当通晓法律知识，而且还必须具有史学、经济学、社会学以及其他社会科学、自然科学等方面的基础知识；不仅能掌握大量的法律规定，而且还必须具有严密的法律推理能力、娴熟的法律运用能力以及良好的职业操守等。法律人才素质的培养不是一朝一夕、轻而易举就可以完成的，既要有充足的学习时间和实践机会，又要有良好的师资和丰富的教学物质资源。

虽然国家对教育体制进行了一系列改革，如扩大了学校的自主权，对各级学校的结构、比例进行了调整，将教育费用完全由国家负担改为由国家和学生分担，学生毕业后也由国家统一分配改为双向选择，学校之间在师资、生源、经费等方面拉开了距离。但改革是“摸着石头过河”，如何根据自己的办学条件，制定相符的培养目标，有一个摸索、完善的过程，短期是无法完成的，由此产生了许多问题，一些学校为满足各行各业、各层次的需要，把培养目标定得大而空，对确定目标的依据缺乏客观的、理智的、科学的、精确的论证。

二、法学教育知识传授存在的问题

长期以来，传授知识一直是法学教育的核心任务。从教学目标拟定、课程设置到课堂教学的各个环节，几乎都是以知识传授为中心而展开的，通过知识的传授也培养了一批批法律学子。然而，目前的知识传授在培养学生法律思维、法律职业道德以及分析、解决问题的能力等方面还有所欠缺。

（一）方法知识的轻视

以知识的性质为标准，根据法律知识的性质是涉及研究方法还是涉及法律规范，可以将法律知识分为方法知识和规范知识。方法知识是关于法律基本理论与方法的知识总体；规范知识是关于实在法的知识总体。

我国法学教育长期以来将法律知识传授的中心定位于规范知识方面。明显的表现就是以法律规范为核心的部门法不仅在课程体系中占有绝对优势，而且部门法的教学内容集中于对现行法律规则的注释，教科书的内容甚至体例都是以某一个法律文件为主线贯穿始终的；教师授课也拘泥于对法条含义的解释，而对于本学科的基本法律原理鲜有人问津。

以教材为中心、重规范知识的传授方式存在以下三个方面的明显缺陷。

①教学内容往往滞后于新法律法规的颁布，作为教学内容重要载体的教科书一般是前一二年甚至三四年出版的，而作者写书的时间还要早一些，而法律法规的制定、修改和废止却在快速地进行着。这样就必然导致教科书的内容严重滞后于法律发展和法学教育现实需要的局面。

②教学内容往往不能及时地反映法学研究的最新成果。

③教学内容上存在着重理论轻实务、重概念轻分析、重一家之言轻百家观点的倾向，不利于培养学生的分析能力、独立思考能力和动手能力。除了讲课内容以及教科书内容外，不要求学生掌握和了解更多的知识，致使学生缺乏学习的主动性和积极性。

另外，法学教育中还存在着轻视法理学、法史学、法社会学等课程的问题，而这些课程可以训练学生的理论思想，夯实学生的理论基础。在注重条文主义法学教育的人看来，法理学等课程所研究的问题属于法学中抽象的、一般的问题，不能直接参与法律实践，也就是说它不能被用来作为审理案件的依据，对那些将法律作为工具来改变自己生存状况的人来说，似乎无直接用处。王健在《中国近代的法律教育》一书中形象地将重条文轻理论的教育概括为“条文主义的法律教育”。而这样的法律教育只能训练出“偏倚之士”“保守之士”“凝结之士”。

（二）通识知识传授的不理想

以知识的内容是否直接涉及法律专业为标准，可将法学教学内容中的资料知识分为专业知识和通识知识。专业知识主要是指关于法律专业的知识总体；通识知识是指作为法学教育资料的、与法学相关的人文学科知识以及其他学科知识。

近年来，通识知识对学生人文素质培养的重要性得到了政府和法学教育界的认同。通识课程的设置、通识知识的传授在各法学院校中都受到了重视。但现在普遍存在的问题是将对学生人文素质的培养等同于通识知识的课程炒作，因而并没有真正达到提高学生人文素质的目的。

一方面，知识的爆炸式增加和专业化的需求使得通识教育的空间很有限，在现有的学分制度下，严重受到学分制的束缚。

另一方面，有关人文方面知识的实际教学效果并非令人满意。原因在于受工具主义法律传统的影响，大学教育长期以来一直被认为是培养工具型人才的摇篮。过度强调法学专业性的外在条件，使学生将认识的视野局限于专业知识范围，从内心深处排斥通识知识，尤其在实施司法考试后，很多学生只关注司法考试要考的课程，而忽视其他课程的学习。很多学生并没有认识到人文知识的重要性，只是把对这些知识的学习当作获得学分的手段，当作对外在的、客观化的知识的记忆，因此人文知识并没有被真正内化为学生的智慧。在这种情况下，就难以实现培养具有较高人文素质的法律人才的目标。

（三）外国法知识传授的不足

中华人民共和国成立初期，我国法学教育全面学习苏联，包括讲授苏联法学、采用苏联教材。1951 年教育部制定的《法学院、法律系课程草案》规定，“讲授课程有法令者根据法令，无法令者根据政策……如无具体材料可资根据参照，则以马列主义、毛泽东思想为指导原则，并以苏联法学教材及著述为讲授的主要参考资料。”1978 年法学教育复兴到目前，法学教育知识资料的特点主要集中于对本国法的传授，“以讲授政策、法律的条文为根本，为制定出来的政策、法律做正当性的注释”外国法律知识资料只是少量的、以批判为目的的选用。近年来，随着改革开放的逐步深入，外域法律知识所占比重有所增加，但总的看来，国内法知识与外国法知识、比较法知识配置得不尽合理，学生的视野受到了很大的限制，这种状况是不利于经济全球化时代开放型法律人才培养的。

（四）价值知识传授的缺乏

以知识对学生素养的影响为标准，根据知识对学生素养影响领域的不同，可将法律知识分为事实知识和价值知识。事实知识关注的是学生对客观化法律知识的理解和掌握，主要影响学生的法律认识水平，事实知识从其内在的价值来说，能够满足法律职业对专业知识和技能的需要；价值知识所涉及的主要是学生的自身能力、法律精神的感悟、法律职业的信仰和高尚的人格修养方面的知识。它隐含于客观化法律知识的背后，容易被人们忽视，而且它很难以客观化的标准来衡量。然而，无论是法官、检察官、律师还是从事其他法律工作的法律职业者，都需要接受人格修养的熏陶。

长期以来，事实知识在我国法学教育中占据着主导地位，价值知识失去了其应有的地位。在现有的法学教学内容中，关于法律职业伦理教育或价值教育的内容几乎是空白。只重视事实知识，忽视价值知识的文本主义的教学模式所培养出来的学生，也许只关注那些抽象的规则和规章，可能丧失了自身对善恶判断的能力和对正义不懈追求的精神动力。所以，人们总是将法官与传统的咬文嚼字的刑名师爷联系在一起，而将律师等同于讼师，这些法律职业者或多或少失去了其应得到的尊重。

三、法学教育教学内容存在的问题

我国的法学教育过于强调系统知识的灌输和对纯理论的探讨，而忽视了对学生分析问题、处理实际法律案件能力的培养。法学课程的设置以传授系统的法学理论知识为目的，没有考虑社会经济、政治、文化以及人们现实生活的实际需求和法学自身固有的实践性要求。而法学的实践性、社会性恰恰决定了法学教育的目的，不但要使学生在教育教学中系统地掌握理论知识，更重要的是要使学生灵活掌握相关的实践性知识与能力。

在我国，传统的法学教育过分强调法学的理论知识，忽视对学生实践能力的培养，致使学生往往空有满腹理论，却缺少运用法学知识解决实际问题的能力，不能把所学知识与法律职业活动直接联系起来；注重法条的记忆，却忽视对问题的分析与解决，对学生法律思维的形成不能起到很好的促进作用。

在传统的法学教学模式下，教师特别强调法律条文的重要性，往往注重阐释和讲解现行法律条文，却忽视对法律条文背后的法理与原则的分析，尤其是不重视对法律与事实相契合的理论的解释与推理，这种教学方式对学生的能力培养十分不利。

法学教育教学专业的主要目的是为社会司法部门提供优质人才，但随着现代司法内容、司法环境及工作方式的变化，法学教育教学的内容也必然要发生变化。法学教育教学的内容明显与实际生活不接轨，会导致法学课程无法与司法工作正确对接。缺少法律法规的大数据分析、司法大数据分析、大数据与人工智能法律问题专题研究之类的课程，导致学生的能力不足，无法为司法工作提供有利的基础，更无法积极创新司法工作方式，提高工作质量和效率。

四、法学教育教学方法存在的问题

在我国的法学教育教学中，教学组织形式基本上是讲授式、“注入式”或“填鸭式”的班级教学形式，课堂讲授仍然是主要的教学方法，自主式、讨论式、研究式的教学还不常见，自学、讨论、调查研究、实验实习等也还都处于辅助地位。传统“填鸭式”的课堂教学虽有利于学生系统地掌握基础理论知识，但很难调动学生独立思考的积极性，不利于学生良好法律思维习惯的养成。

法学教育教学模式中的教学组织形式和教学方法的单一化，师生缺乏交流互动，不仅容易使教学过程变得枯燥乏味，而且难以适应多样化的培养目标和学生个性化发展的需求，从而弱化教学成效。并且，现行法学教学模式注重对法律基本概念、原理的阐释，强调学生对专业知识的系统掌握，甚至试图让学生成为掌握经典理论的法学家。而法律源于现实生活，与不断发展的政治、经济、文化紧密相连，社会生活中的复杂因素和矛盾决定了法学教育需要培养的是高素质、实践性法律人才而不是空有满腹经纶、只知坐而论道的人。法学教育不仅要传授给学生系统的、精深的法学原理及法律知识、法律条文，而且要使学生掌握灵活运用法律知识解决实际问题的各种方法、技巧，学会如何像律师那样思考，学会如何分析、查证事实，提高学生对法律知识的运用能力和其综合素质。

五、法学教育教学评价存在的问题

教学评价是教育教学模式中的核心组成部分，是教育教学的最大需求，直接影响教学系统功能的整体优化。目前，我国法学教育教学评价的理念和方法与促进学生发展的要求有一定的距离，主要体现在以下四个方面。

①评价内容单薄。评价内容陷于教材化，现实中绝大部分法学本科考试内容集中于书本理论，局限于基本概念、基本理论和所谓的权威观点，无法体现法学学科知识的先进性、科学性、前沿性，导致学生“上课记笔记，下课看笔记，考试背笔记，考后全忘记”。致使以实践应用和经验积累为重要特征的法学沦为片面的记诵之学，既不能真正体现对学生逻辑思维能力、运用知识分析问题能力的考查，也不能帮助学生掌握法律学习方法。

②评价方法简单。以纸笔测验为主，以简单的分数为衡量标准，忽视质性评价。在法学院校中，三好学生及奖学金等级的评定，都以笔试成绩为主要依据。

甚至在学生就业求职时，人才市场也会将笔试成绩作为衡量标准。在升学、就业和职业生涯中，笔试作为一种保障公平的手段日益被广泛地使用，法学专业的学生根本没有发展独立判断能力的条件和机会。另外，教学评价以教师为主，忽视学生的参与和互动。

③评价结果缺乏证明力。考试是对人才培养的检验机制，从理论上讲，通过法学专业考试应当意味着已经成为合格的法学教育人才。在理想的教学模式下，学生通过了法学专业考试这一“出口”，即使不能立即从事法律职业，实际上已经具备了充足的理论功底和基本能力，经过一段时间的实习、见习或职业培训，即可胜任实际工作。而就我国现实来说却并不是这样，法学毕业生进入工作单位，其知识基础仍然薄弱，实际操作能力水平仍然偏低，与岗位需要相差甚远。这虽然与法学专业实习环节的质量不高不无关系，但更主要的是，考试与法律实践对人才的要求标准脱节，即使学生拿着合格甚至全部优秀的成绩单，仍然无法受到用人单位的认可和青睐，法学考试缺乏权威性和证明力，法学专业就业率偏低。

第三节　法学教育教学模式的革新

一、重构法学教育观

（一）素质教育观

尽管素质教育是作为基础教育中应试教育的对立面而提出来的，但其对高等教育的影响是尽人皆知的。高等教育包括法学教育在内，要适应社会对人才需求的变化。素质教育观是法学教育必有的教育理念之一。

什么是素质？素质是人在先天生理的基础上，经过后天教育和受社会环境的影响，由知识内化而形成的相对稳定的心理品质。一般来说，素质包括思想品德素质、文化素质、业务素质和身体心理素质。那么，素质教育就是以提高人才素质为重要内容和目的的教育。素质教育包括知识、能力和素质三个要素。其中，知识是素质形成和提高的基础，能力是素质的外在表现。高等教育贯彻素质教育的精髓在于对高级专门人才的培养中应融传授知识、培养能力和提高素质为一体，或者说，在传授知识、培养能力的同时，要更加注重素质的提高。因此，素质教育与高等教育的性质即培养高级专门人才的专业教育并不矛盾。从素质教育的思想观念出发，高等教育应是更加注重人才素质提高的专业教育。所以，就高等教育而言，重视素质教育就应将素质教育的思想渗透到专业教育之中，贯穿于人才培养的全过程。

21世纪的法学教育以素质教育观为其教育理念，这也是由法律事业的崇高性和法学教育的基础性决定的。首先，法学教育以素质教育观为其理念，是使法律专门人才出色完成法律工作的需要。法律工作以维护人类公平、正义为己任，它需要高素质的法律职业群体。法律职业群体是法治建设不可或缺的中坚力量，法治理念的弘扬、倡导，法治程序的建构很大程度上依赖于法律职业群体的素质。唯有法学教育培养出高素质的法律职业群体，才能支撑起法治大厦；唯有法学教育把素质教育观念贯穿于法学专业教育的始终，才能造就出勇于为社会的公平、正义献身的高素质法律职业群体。其次，法学教育以素质教育观为其理念，也是培养高素质公民的需要。法学教育的功能之一是塑造高素质的、优秀的公民人格。公民的人格构成包括很多要素，其中主体意识、权利意识、参与意识、平等意识、责任观念、理性精神等公民人格核心要素的养成，要靠法学教育来完成。法学教育只有以素质教育观为指导，才能塑造出作为法治精神基础的高素质的优秀公民人格。

法律人才的素质构成有其本身的独特性。根据法律职业的特点及未来社会对法律人才的需求，可以把21世纪法律人才素质的特征概括为以下几个方面：①应变与创新。21世纪是一个变革的时代，也是一个创新的时代，21世纪的法律人才也应具有应变与创新的特质。21世纪的法律人才既应具有对多变的政治、经济、文化乃至法律的适应性，又应具有符合社会发展方向的创新品质，以确保法律思想、法律理论、法律观念在创新中进步，法律机制在创新中完善，继而法律也将在人的创造性发挥中得以准确地运用。②专精与融汇。法学教育是一种专业教育，因而所培养的法律人才必须精通法律知识，掌握运用法律的技能和复杂的法律推理技术。随着科技的快速发展，不同的学科之间、科学与技术之间相互渗透和融合的趋势日益明显，作为社会调整器的法律所面临的问题也日趋复杂化、综合化。未来的法律人才只有具备广博的知识，才能具有较强的知识迁移能力和应变能力，才能以简驭繁、触类旁通。可见，精通法律和具有融会贯通有关知识的能力，应是21世纪法律人才的必备品质。③独特的法律思维与合作交流。未来的法律人才应该掌握法律角色的参照系，即懂得作为一个法律工作者，在其所处的位置上对外观察问题的方法、观点，以及独特的推理思维方式。法律工作的特质在于用法律解决复杂的社会问题。这就要求法律工作者具有独特的、变通的、流畅的法律思维，能够从法律人的角度出发观察和分析问题，既懂得有层次地思索与理解，又须知道怎样细密分析、明辨类别和正确演绎。同时，法律工作者还应具有与他人合作交流的能力。

（二）共同体教育观

法律事业是由一个有着相同的知识结构、共同思维范式和共同价值追求的法律共同体所支撑和建构的事业。法律共同体能否形成及其是否同质，是影响法治建设成功与否的决定性因素。因为从某种程度上讲，所谓的依法治国就是由受过严格法律训练的法律人对社会生活的管理和调整。而同质共同体的养成须从接受专业教育起步，这需要法学教育首先从观念上树立起培养共同体的认识，并把这一观念贯穿于教学的全过程。一方面，通过法学教育培养未来共同体成员的职业崇高感，使学生深刻领悟法律职业不仅是一种谋生的手段，更是维护社会公平、正义的事业。法律职业是一种崇高的职业，它需要其成员具有为法律的理想而献身的精神。另一方面，通过法学教育培养未来共同体成员的历史使命感，使法治成为他们终身追求的理想，使推进法治进程成为他们义不容辞的责任。

二、创新法学教育教学模式

（一）双主体教学模式

1. 双主体教学模式的概念

随着理论的发展和教育实践的不断深入，人们对双主体教学模式越来越重视，对其研究也越来越多，对双主体教学模式的探讨更是仁者见仁、智者见智。一种比较典型的观点认为教育者和受教育者互为主客体。从施教过程来看，教育者是主体，受教育者是客体。从受教过程来看，受教育者是接受教育的主体，教育者则是接受教育的客体。

还有学者将主体教育的主要观点归纳为：①学生是自身生活、学习和发展的主体；②教育过程是教师与学生双主体协同活动的过程；③现代教育应把发挥和培养学生的主体性作为一项核心目标；④现代学校教育应建立平等民主、互相尊重的新型师生关系。另一种比较有代表性的观点主张“以学生为主体，以教学为主导”的双主体理论。也有学者提出了“以教师为主导，以学生为主体”的观点。还有学者根据建构主义学习理论和合作学习理论，提出了建构式互动教学模式，并从学习活动、教学功能与教师角色、教学与问题情境诸方面提出了相应的教学理念。也有人提出了双主体互动式教学模式（即主体参与式课堂教学模式），即在课堂教学中，参与教学活动的教师和学生都作为主体进行教学的模式。

不同的学者都力图从新的视角提出自己的见解。表述虽各有不同，但无一例外地都肯定了教学过程中教师和学生的主体地位。一方面，在教学活动中，教师是课堂的主导者、教学的设计者、节奏的掌控者、情境的创造者，在教学活动中处于主体地位，发挥主导作用。另一方面，学生是在教师指导下学习方式的选择者、自身知识的建构者、自身成长与发展的负责者。他们将教师与学生置于主体地位。

2. 双主体教学模式在法学教育教学中的实施

（1）师生主体的角色定位

教师的主体性主要表现为在教学过程中发挥主导性，以对学生的学习进行指导、引领与帮助。学生的不成熟性以及教师自身的优势决定了对教学认识活动起领导、决定作用的只能是教师，教师必然是整个教学活动的主导者。教师主导作用的发挥，就是要引领学生的学习，为课堂教学中学生的认识发展规定方向，并相应地在教学上做出安排。从根本上说，教师主导就是教学活动要由教师来决定，但并不是说教师可以决定学生。在法学教育中，系统基础知识的掌握、独特法律思维的养成、娴熟的法律运用能力的提升以及高尚职业道德的形成，都需要教师发挥主导性作用，在教学上做出安排，引领学生发挥能动性去构建法律知识系统，提升法律涵养。

在教学过程中，教师处于主导地位，对教学起决定性作用，但这并不意味着学生是被决定的，并不意味着否认学生在学习中的主体性。反之，承认学生是教学活动的主体，也并不意味着教师就是客体，并不意味着就此否认教师对教学活动的主导作用。一般来说，在教学活动中，教师既是主体，负责教学，也是客体，成为学生认识的对象；学生既是主体，负责自己的学习，也是客体，成为教师工作的对象。但是，教学活动是一种特殊的认识活动，教学过程是教师“教”学生认识的过程。

在教学过程中，既要承认教师对教学的主导作用，也要明确学生在教学中的主体角色定位，学生是教学活动的主体。

（2）双主体教学模式的实施

①教师创设教学情境。教师可以根据学生的特点、课程的性质以及教学内容的需要创设多种教学情境。同时，为了培养创造性思维，在创设的教学情境中，教师要充分尊重学生的个性发展需要和自主学习意愿，给予学生充分的信任，要相信每个学生都是拥有巨大智慧潜能和无限创造能力的宝库，倡导自主学习和自由探索，让新旧知识建立联系并让新知识不断增加。基于法学教育的特点，在此阶段，教师充分发挥其创造性和主导性，选择精当的案例，创设问题情境无疑对

于学生的学习有很好的启发作用。同时，还要努力营造和谐的学习情境，进行课堂教学。教师和学生在轻松、融洽、和谐的教学情境中能够有效地相互指导学习，人的主体性也才容易发挥，最终也才能达到双主体教学模式的目的。

②学生自主探索。教师要转变观念，明确自己的角色定位，教师是“导”师，而不是“教”师，教师对学生在教学中的主体性应予以充分的尊重，努力创设让学生自主学习、合作学习、创新学习的教学环境来完成课程的教授。自主探究是法学教育双主体教学模式实施的核心，也是学生学习主体性的重要体现，其对于调动学生的学习积极性，发挥学生的创造性具有重要意义。这一阶段，对教师而言，意味着要对学生的已有知识储备、价值取向、兴趣爱好、学习风格等进行观察和了解，针对不同学生的个性特点选用不同的方式，对学生因材施教。对学生而言，在教师的指导下学生主动探究的学习过程，也是其自身主体能力培养的过程。只有经过自己的思考、分析、探索、加工，学生才会对法学知识有更深刻的认识与运用，才能不断提高自己对案件分析的能力和解决问题的能力。随着社会的发展和课程的建设，法律法条、学科体系、理论概念都会变，但通过亲身实践、亲自探索“为什么”而得以不断提高的“举一反三”的政策和制度分析能力，通过精心训练“怎么用”而获得的分析判断能力、逻辑推理能力都将历久弥新，成为学生受益终身的巨大财富。

③协作、会话。协作学习作为一种主流教学理论和策略，是通过教师有目的的启发、引导和帮助，让学生通过会话、相互交流、讨论和学习有关资料来解决相关问题，掌握相关知识，提高相互协作能力，发展团队合作精神的，其在改善课堂心理气氛，提高学生的学业成绩，促进学生良好的非智力品质的发展等方面有着显著成效。法学教育要求学生具有高超的口头表达能力及良好的人际沟通协作能力，通过学生与教师之间的互动交流、学生与学生之间的会话协作，不仅培养了学生合作学习的团队精神，还提高了学生相互学习、勇于探索的能力，加深了学生对相关知识的理解和掌握，学生的语言表达能力和法律应用技巧也将得到锻炼与提升。法学教育的过程就是师生之间、生生之间乃至师生与人类历史之间不断展开超越时空对话的过程。

④意义建构。为保证教学的时效性和学生认知活动的顺利开展，对于在认知过程中出现的思维障碍、心理障碍、知识障碍尤其是当学生在不断地自我尝试，甚至通过集体合作会话都无法完成学习任务时，教师适时而恰当地引入与教学内容有关的资料进行教学点拨则是必要的。法学知识作为法学这一学科体系的构成要件，具有较强的系统性和连贯性，学生通过自我建构、协作会话学习所形成的

法学知识不一定能做到真正地理解、正确地掌握。例如，对法理理解不够深入，就会缺少对整个知识体系的进一步深化理解，就难以达到教师所期望的目标。因此，教师引导、带领学生对教学内容进行归纳、总结、创新，不仅有利于学生系统准确地掌握知识，也有利于教学目标的最终达成。

3. 双主体教学模式在法学教育教学中应用的意义

（1）突破传统教学模式，优化课堂情景，符合学生学习规律

在法学教育双主体教学模式下，通过创设问题情景，能够引发学生对知识的学习兴趣，从而能够激发学生自主探究的学习动机。在教学过程中，学生是学习的主人，是学习的积极探究者，教师的主要作用是通过仔细选材，创设适合学生学习探究的教学情境，而不是提供现成的知识。法学教育双主体教学模式能够优化课堂情境，符合学生学习规律。

（2）增强教学效果，改善教学质量，符合当代教学理论

双主体教学模式有助于建立良好的师生关系，有利于教学双方最佳状态的发挥，由于教师与学生在课堂上积极互动，交相呼应，无论是课堂提问还是案例讨论，气氛异常活跃，不经意间师生间的距离也得以拉近，容易形成一个整体，有利于教师教学质量的提高。

（3）增强教师的主体教学意识，发掘教师教学能力

教学双主体的教育理念要求教师在教学过程中要关注学生已有的知识和经验，让学生走向生活，参与教学，让课堂充满创新活力，要求教师实现角色的转换，把教学过程作为师生交往、共同发展的互动过程。因此，与“双主体”相适应，教师在学生主动、积极的探究和合作过程中，有了展示自身个性的空间，有了表达自我情感的舞台，也只有如此，教师才能融入学生中，让学生从内心接纳教师。这样的环境汇总，使教师的作用自然能积极、主动地发挥，对教师的教学能力更是一种无形的提高。教师要在大量的案例中有目的地选择一些精当的案例，这些案例要有针对性、要恰当，并根据教学大纲提出问题，而且问题应具有逻辑性和启发性，能够提高学生的分析研判能力。教师还要考虑教学过程中学生可能提出的问题，并准备如何应答。这对教师的知识结构、表达能力和反应能力都提出了更高的要求。在对案例分析的过程中，学生思考问题的角度，以及所提出的问题对教师也会有所启发，这就起到教学相长的作用。同时，教师也要有较高的教学设计与组织能力、对课堂的掌控和管理能力，对学生循循善诱，使教学活动沿着正常的轨道有节奏地进行而不偏离主题。

（4）强化学生的主体作用，培养学生的自主学习精神，提高学生分析问题与解决问题的能力

法学教育不是单纯地灌输某种既定的、不变的法学知识和法律条文，而是应当培养学生理解法律的真谛，使其拥有先进的法律意识，掌握法律的整体框架和运行的内在规律，学会如何学习和运用法律，形成良好的法律思维。法学教育双主体教学模式，不仅有利于学生掌握系统的法学知识和原理，还能培养学生实际参与法律操作、解决实际案件和实际法律问题的能力。更重要的是双主体教学模式更关注学生创造性法律思维与能力的培养和锻炼，使学生不但能够掌握从法学角度观察问题的方法，而且还能培养学生独立分析、辨别和创新的能力，能及时吸收新知识、解决新问题，以便能够应对未来在社会生活中可能面临的各种复杂的法律问题，成为适合社会需要的法律人才。学生通过对现实法律事件的观察、思考乃至参与，不仅能很牢固地掌握经过认真思考、探索、交流而形成的法学知识，而且可以运用理论对现实问题提出批判性、建设性的意见与建议。这对提高学生自主学习的能力，培养其独立思考、提高其分析问题与解决问题的能力是大有益处的。通过培养学生的探索精神，锻炼其查找知识、分析异同、辩证思维、沟通交流等能力，使学生逐渐养成自我教育、自我学习的习惯，真正发挥学生的主体作用，使学生成为学习的主人。

（二）案例教学模式

一直以来，在西方国家中案例教学法都是学生学习法律知识过程中所采用的一个最为主要的方法，在这些国家案例教学法也占据着相对比较重要的位置。因为英、美两国的法律法规都普遍隐含在判例中，这样的情况就需要让学生对案例进行深入了解、体会和感受，以此掌握当前国家的法律发展现状，以及法律适用的具体形式，这些对于学生提高自身的综合能力都有着重要的作用。

我国更是需要采取因材施教的形式，结合因地制宜的思想，把案例教学的方法与传统的系统法律知识讲授的方法相互结合，这样才能够真正地完成对教科书中所涉及理论知识内容的传授。所以，教师在选择教学形式的过程中，也需要意识到案例并不是唯一的教学内容，更是需要通过对案例进行深入而有效的分析和讨论，让学生了解已经成文的法律内容，加强对这些内容的理解以及运用，真正从我国的具体国情出发，把法学的教育工作与实际情况相互结合，阐述最为正确而有效的教学方法。利用案例教学的形式辅助传统的教学方法，与案例相互补充，以此提高学生学习的质量。

（三）合作式参与教学模式

合作式参与教学模式追求教师主导施教和学生主体认知互相呼应，展示了学生的主体参与意识和独立地位，使其学习主动性得到充分发挥，从而确保了教学效果的显著提升。通过对目前国外法学高等教育中合作式参与教学模式的具体应用进行剖析不难发现，尽管西方各国在应用方式上有着一系列差异，但其本质都是为了充分调动学生学习的积极性，实现现代社会法治人才的培养目标。

合作式参与教学模式对现代法学高等教育人才培养目标的实现有着重要价值。随着法治中国和市场经济体制建设步伐的日渐加快，我国法学高等教育无疑也将愈发着眼于应用型人才塑造。面对这样一种大环境，为提升学生实战能力，培养应用型法律人才，备受西方发达国家青睐的合作式参与教学模式自然不可或缺。我国在建构合作式参与教学模式时，同样应打破原有高校管理体制的藩篱。为实现“师生”“生生”“师师”彼此间合作的畅通无阻，全新管理体制理当将学校管理者、教师、学生甚至校外法律实务部门全部纳入其中，确保该综合性宏观管理机构能作为管理中枢统一调配合作式参与教学活动。合作式参与教学模式在法学高等教育中的具体落实还必须通过改革课程设置、提倡师生教学互动和设置新的考核评价方式来完成。

（四）模拟法庭教学模式

模拟法庭教学模式带有明显的动态化特点，其对教师和学生都提出了一定的要求，需要学生具有一定的法学理论知识储备，在此基础上对日常生活当中的案例进行处理，还要求教师对学生进行适当的引导，从而保障学生学习的质量和效率。模拟法庭的实践性和综合性都是比较强的，可以培养学生的实践能力和综合素养，发挥传统法学课堂教学所无法起到的作用，新的教学模式可以让学生产生新鲜感，激发学生的学习热情，可以让学生在模拟法庭中锻炼自己利用理论知识解决实践问题的能力，培养其法学思维，帮助学生将所学知识应用到实践当中。

模拟法庭教学就是在选定将要分析学习的案例之后，依据案件的性质来对学生进行分工，组织学生就案件展开详细的讨论，最终将庭审过程模拟出来。具体来说，可以分为以下三步。

①选定案例，对学生进行科学分组，组织其展开讨论，各个小组的人数需要根据学生所扮演角色的工作难度来确定。

②依照庭审程序来进行模拟法庭。

③分析问题，总结模拟过程。让学生有意识地在学习中锻炼自己的语言表达能力和思辨能力，从而使学生形成正确的认知，在模拟法庭中汲取传统课堂教学所学不到的知识，不断提升自己，培养自己的法律核心素养。

（五）混合教学模式

法学教育中的混合教学模式是充分利用信息技术和互联网技术，实现线上与线下相结合的混合教学，能促进法学教学取得较好的成效。法学教师须重视混合教学模式的合理使用，更要结合教学实情、法学课程特点、学生学习状况等因素，确定和推行相应的教学策略。法学教育最重要的一个目的就是培养既对相关法律条文熟悉掌握又能够解决一些实际问题的专业法律人才。要想真正实现这一目的，就要在法学教育中构建以“学生为主体”的混合教学模式。

一方面，可以充分发挥学生的主体作用，教师做好混合教学设计，给学生提供诸多内容丰富、形式多样的教学资源，供学生自主选择和学习，促进学生的个性化发展，挖掘学生自主学习的潜力，鼓励学生积极通过互联网等途径解决法学问题，促进学生的自我成长。

另一方面，教师在这个过程中发挥主导作用，成为学生学习路上的引导者、教学活动的组织者，及时给予学生正确的引导，在充分调动学生学习积极性的同时，培养学生独立的法律思维和创新思维，以及用法律解决实际问题的能力。

线上与线下的相互配合和相互补充，既增强了法学教育的互动性、趣味性和实际操作性，也大大增强了法学教育效果，这样才能在真正意义上发挥活动的教学功效，让在线互动与课堂交流融合，实现线上与线下教育资源的共享。混合式教学模式在法学教育的运用，正是应对“互联网 +”、信息技术发展给法学教育带来的挑战，不断增强高校法学教育的科技性、实践性与创新性，从而培养出具备敏锐观察力和较强适应能力的高素质、专业的法律人才。

（六）探究式教学模式

在探究中学习，主要通过主题、问题、专题的引动，学生运用各种工具和方法，开展探究性、研究性学习活动，从发现中学习。在“探中学”的过程中，教师的角色是，开发研究主题、问题或专题，激励学生多角度地思考问题或甄别观点，指导学生运用正确的工具或方法；学生的角色是，选择感兴趣的研究主题，分析主体的构成部分，分工合作，收集 / 分析 / 处理信息，协商交流，得出结论，自主自律，强调实践。“探中学”可以通过开展讨论式教学实现。

讲授式教学方法与讨论式教学方法的根本区别在于前者以教师为教学活动的

中心，学生被动地接受知识，而后者则是以学生为教学活动的中心，教师围绕调动学生的学习积极性展开教学，学生主动地学习知识。讨论式教学是在若干问题引导下，在教师主导下以学生讨论、师生讨论为主要教学推进手段的教学方法。讨论式教学近年来在法学教学中被很多教师采用，尤其在研究生教学中采用的频率较高。在部门法教学中，每当社会上发生典型的、引起争议或有广泛影响的案件时，一些教师就结合教学内容从中归纳问题开展讨论式教学，取得了很好的效果。另外，结合法律实践中发现的法律不完善之处开展讨论式教学，对激发学生思维和加深学生对法律的理解也很有帮助。

从课堂教学的角度认识，讨论式教学应包括四个环节：备课、布置讨论、组织讨论、讨论总结。

①备课。备课是讨论式教学的基础环节，讨论式教学的备课包含四个方面的工作。第一，阅读教材和参考文献。教师备课首先要弄懂、弄通教材与参考文献，把握它们在观点与方法上的共性与差异性，未解决问题的障碍在哪里。第二，把握学生的状况。教师要了解学生所学专业基础知识与能力状况，通过交谈、提问等了解学生在自己所教学科领域的基础，在此基础上确定引导学生发展的措施。第三，提出拟讨论的问题。在备课的基础上，针对引导学生展开学习、思维的需要，分解教材与参考书的知识，相应地提出问题。第四，撰写讨论课计划与方案。在讨论课开始前，教师要写好讨论课进行计划与方案，对拟讨论的问题、阅读书目与要求、分组安排、讨论时间安排等要有周详的计划。

②布置讨论。在讨论课中，教师在讨论开始前要对讨论进行布置。布置的内容包括：明确讨论的目的、程序与方法；确定学习内容和拟讨论的问题；布置阅读的书目，提出阅读的要求；布置几个学生重点发言，并提出具体要求。

③组织讨论。组织讨论在形式上一般是分组讨论，教师要安排好组长或小组负责人，讨论要有记录，尽量使学生都有发言的机会。同时，讨论要控制好时间，不能让学生放任自流。

④讨论总结。教师在讨论结束后要归纳总结学生解决问题的心得。同时，要总结讨论中的不足，如观点的失误、方法上的局限、发言能力的不足等。

在大数据背景下，法学教育可以利用大数据网络进行探究活动，利用灵活的信息技术，教师可以要求学生在进行探究活动的过程中录制小视频，并在编写教案的时候添加拍摄素材，这样做不仅可以达到激发学生积极性的目的，还可以让学生了解这项探究活动的重要性，在此基础上，给学生一些建议与策略等，正确引导学生融入社会工作中，利用这种情感体验培养其正确的人生价值观。法学教师也可以开发互联网教学的教育方式，建立仿真实践平台，线上模拟实践工作，利用网络虚拟情境搭建一系列与实际司法工作环境、流程、内容、方法相匹配的虚拟工作制，再结合线下所学理论教育基础，制订科学的线上实践教学方案，安排学生在仿真实践课堂或者模拟实践课堂中担任角色，以此为实践材料开展实践工作。这既丰富了法学课程实践教学的新形式，又增强了法学实践教育的真实性，让学生感受现代司法工作的环境，积累经验，以便以后能更好地、更快地融入正式工作当中。

第五章　法学实践课程教学的改革

法学实践课程教学在当前高等院校的教学过程中存在诸多缺陷，直接影响法学应用型人才的培养，因此，对法学实践课程教学的改革势在必行。本章分为法学实践课程教学的发展状况、法学实践课程教学改革的意义、法学实践课程教学改革的策略三部分，主要包括中国法学实践教学的发展过程、中国法学实践课程教学的发展现状等内容。

第一节　法学实践课程教学的发展状况

一、中国法学实践教学的发展过程

法学教育的目标是培养法律职业所需要的人才，而法学实践课程是完成法律人才培养的重要环节。法学实践课程可被归纳为以巩固理论教学成果、培养法律思维和实务能力为目的，以学生为主体，以学生实际运用所学法学理论知识解决实际法律问题的能力为考核评价对象的课程。

实践教学模式的形成依赖教育行政部门的推进，通过财政支持和政策倾斜，高等学校对实践教学模式的构建逐渐趋于成熟。通过研究相关文献，我们可以探寻到法学专业实践教学的演变轨迹。

（一）2000年以前：逐步受到重视

1985年，《中共中央关于教育体制改革的决定》指出："不少课程内容陈旧，教学方法死板，实践环节不被重视，专业设置过于狭窄，不同程度地脱离了经济和社会发展的需要，落后于当代科学文化的发展。"要求各高校在专业教育中加强"实践"环节，从后来法学专业院校的落实情况看，这里的"实践"环节主要指参观监狱、劳改农场、毕业实习、毕业论文四大类型，这只是法学专业实践教学的开始阶段。

1993 年，《中国教育改革和发展纲要》指出：“高等教育要进一步改变专业设置偏窄的状况，拓宽专业业务范围，加强实践环节的教学和训练，发展同社会实际工作部门的合作培养，促进教学、科研、生产三结合。”与生产部门合作共同培养人才开始受到重视。

1996 年，《全国教育事业“九五”计划和 2010 年发展规划》指出：“高等教育要拓宽专业服务范围，加强实践环节教学和训练，促进教学、科研、生产（社会应用）三结合，提高学生分析问题和解决问题能力。”“实践环节”的重要性被再一次强调。

1999 年，《中共中央国务院关于深化教育改革，全面推进素质教育的决定》指出：“教育与生产劳动相结合是培养全面发展人才的重要途径。各级各类学校要从实际出发，加强和改进对学生的生产劳动和实践教育，使其接触自然、了解社会，培养热爱劳动的习惯和艰苦奋斗的精神。”

以上四个文件是恢复高考之后，针对高等院校招生规模逐步扩大、高等院校专业教育中重视理论教学、轻视实践教学，影响人才培养质量这一现状的政策反应。

从整体上讲，这些政策具有一定的指导意义，具体到法学教育的实践课程教学中，是模拟法庭和法律诊所的引入，并逐渐得到推广，可以说是我国法学教育实践教学的初步探索。它的特征是逐步加强了法学教育实习环节的组织，在参观、观摩、毕业实习之外，逐步出现了模拟法庭教学和法律诊所教学。

1982 年，华东政法学院就开始组织“模拟法庭”活动，但还只是以学生课外活动的形式开展。至 1997 年，法学院校开展的模拟法庭活动逐渐增多，但作为“课外兴趣”培养的色彩依然浓厚，上升为严格的实践教学活动还是后来的事情。法律诊所在法学院校出现是在 1997 年以后，开始只在少数几所院校小范围地开展活动，且常常与法律咨询、法律宣传混杂在一起。

（二）2000—2012 年：实践教学模式基本形成

2001 年，教育部在《关于加强高等学校本科教学工作提高教学质量的若干意见》中指出：“文科学生要按专业要求参加必要的社会实践。……要建立和完善校内外实习基地，高度重视毕业实习，提高毕业设计、毕业论文的质量。”校外实习基地的建设被提升为实践教学环节的重要内容，与毕业实习、毕业论文一样受到重视。

2004 年，教育部在《2003—2007 年教育振兴行动计划》中提出，要实施“高等学校教学质量与教学改革工程”，要“建设一批示范教学基地和基础课程实验教学示范中心，强化生产实习、毕业设计等实践教学环节”。此后，开始了中央与地方合作共建“实验示范基地”。

2005 年，教育部在《关于进一步加强高等学校本科教学工作的若干意见》和周济部长在第二次全国普通高等学校本科教学工作会议上的讲话中指出：“要大幅度增加实践教学专项经费，尽快改变实践教学经费严重不足的状况。……高等学校要强化实践育人的意识，区别不同学科对实践教学的要求，合理制定实践教学方案，完善实践教学体系。要切实加强实验、实习、社会实践、毕业设计（论文）等实践教学环节，保障各环节的时间和效果，不得降低要求。大学生毕业设计（论文）要贴近实际，严格管理，确保质量。要不断改革实践教学内容，改进实践教学方法，通过政策引导，吸引高水平教师从事实践环节教学工作。要加强产学研合作教育，充分利用国内外资源，不断拓展高校之间、校企之间、高校与科研院所之间的合作，加强各种形式的实践教学基地和实验室建设。教育部将适时启动基础课程实验教学示范中心建设项目，推动高校实践环节教学改革，并把实践教学作为教学工作评估的关键性指标。”实践教学获得了经费支持和政策保障。

2007 年，《教育部财政部关于实施高等学校本科教学质量与教学改革工程的意见》指出：“大力加强实验、实践教学改革，重点建设 500 个左右实验教学示范中心，推进高校实验教学内容、方法、手段、队伍、管理及实验教学模式的改革与创新。开展基于企业的大学生实践基地建设试点，拓宽学生的校外实践渠道。实施大学生创新性实验计划，支持 15000 个由优秀学生进行的创新性试验，促进学生自主创新兴趣和能力的培养。择优选择 500 个左右人才培养模式创新实验区，推进高等学校在教学内容、课程体系、实践环节等方面进行人才培养模式的综合改革，以倡导启发式教学和研究性学习为核心，探索教学理念、培养模式和管理机制的全方位创新。”以催生教学改革、实践教学创新为核心的“质量工程”成为此后高校完善实践教学模式的动力源泉。

2007 年，《教育部关于进一步深化本科教学改革全面提高教学质量的若干意见》指出：“高度重视实践环节，提高学生实践能力。要大力加强实验、实习、实践和毕业设计（论文）等实践教学环节，特别要加强专业实习和毕业实习等重要环节。列入教学计划的各实践教学环节累计学分（学时），人文社会科学类专业一般不应少于总学分（学时）的 15%，理工农医类专业一般不应少于总学分（学时）的 25%。推进实验内容和实验模式改革和创新，培养学生的实践动手能力、分析问题和解决问题能力。要加强产学研密切合作，拓宽大学生校外实践渠道，与社会、行业以及企事业单位共同建设实习、实践教学基地。要采取各种有力措施，确保学生专业实习和毕业实习的时间和质量，推进教育教学与生产劳动和社会实践的紧密结合。”至此，高等教育中的实践教学模式基本成型，这一模式的目的在于提高学生的综合实践能力。

（三）2012年以后：法学专业实践教学模式的改革与创新

2011年，《教育部中央政法委员会关于实施卓越法律人才教育培养计划的若干意见》指出，要“加大实践教学比重，确保法学实践环节累计学分（学时）不少于总数的15%。加强校内实践环节，开发法律方法课程，搞好案例教学，办好模拟法庭、法律诊所等。充分利用法律实务部门的资源条件，建设一批校外法学实践教学基地，积极开展覆盖面广、参与性高、实效性强的专业实习，切实提高学生的法律诠释能力、法律推理能力、法律论证能力以及探知法律事实的能力。”这是国家首次针对法学专业实践教学模式做出专门规定。

上述文件确定的法律人才培养目标为：“培养应用型、复合型法律职业人才，是实施卓越法律人才教育培养计划的重点。适应多样化法律职业要求，坚持厚基础、宽口径，强化学生法律职业伦理教育、强化学生法律实务技能培养，提高学生运用法学与其他学科知识方法解决实际法律问题的能力，促进法学教育与法律职业的深度衔接。”与这一目标对应，实践教学模式也迎来了改革、完善的新契机。

虽然实践教学得到越来越多的关注，教育部也规定了高校进行实践教学的各类考核指标，法学实践课程教学的发展仍有一些不尽如人意的地方。

法学实践课程教学改变了以往重理论、轻实践的教学现状，在很大程度上清除了法学教育培养实践型人才这一目标的阻碍。法学实践课程对培养学生法律思维能力和实践操作能力具有理论教学无可替代的作用，只有经过实践才能将法律条文转化为立体的、直观的知识印象。也只有通过实践训练，才能培养法学生最为需要的且严谨的逻辑思维和法律职业道德。

二、中国法学实践课程的发展现状

（一）实践课程教学组织现状

1. 主导实践课程教学的机构模式

根据相关调研结果，各校法学实践课程教学的主导机构往往是与法学学科在各校的地位，以及学校教学机构的现状相关，呈现出法学院主导、教务部门主导、院系教务共同主导三种实践课程教学机构模式。

（1）法学院主导实践课程教学机构模式

在大多数综合类大学，或者法学学科相对处于重要地位的传统专门类大学（如理工、师范、财经等）中，往往都设置单一的法学院，实践课程教学工作的开展是由法学院主导的；教务部门往往处于配合、辅助的地位，主要提供学校政策、资金支持。而在法学院内部又通过教学本科指导委员会的集体决策方式进行。如武汉大学实践课程教学工作的开展决策是法学院教学本科指导委员会，具体执行机构是法学院本科生工作办公室；在学校层面，教务部门的主管机构为本科生实践办公室；法学院负责法学教学方案的制订、执行，向学校部门备案；法学实践课程教学重大项目的建设，由学校统筹、学院具体建设。

（2）教务部门主导实践课程教学机构模式

在传统政法类大学中，由于法学专业属于优势学科，往往设立多个法学院，因此本科教学工作是由多个学院来共同承担的。例如，中国政法大学、华东政法大学分别有 4 所法学院，西南政法大学、西北政法大学分别有 5 所法学院，所有法学院合作承担法学本科教学工作。在政法类大学中，法学课程实践教学采用以学校教务部门为主、以各法学院为辅的模式。

（3）院系教务共同主导实践课程教学机构模式

在多数专业类学校中，由于法学专业相对处于弱势地位，以及学校并未升级为“大学”，承担法学本科教学工作的为“系”，因此此类学校中法学课程实践教学往往由法学系及学校教务部门共同主导，如北京物资学院、外交学院等。

2. 项目中心引导的实践课程教学

改革法律人才培养模式，结合高校法学院校的基础和特色，在教育部以及省市各级教育部门的领导下，法学实践课程教学呈现出在各级项目（计划）、各类中心引导下的推进模式。

（1）卓越法律人才教育计划

改革开放以来，我国高校法学教育改革和发展取得了显著成绩，目前我国共有 623 所高校开设法学类本科专业，本科在校生数达 29 万余人。“十一五”期间，我国高校法学教育累计培养法学类专业本科毕业生 36 万余人，为国家经济社会发展提供了强有力的智力支持与人才保障。但是，我国高校法学教育的人才培养工作还存在一些亟待解决的问题，与法律实际工作的联系亟待加强，人才培养模式亟待改革，人才培养质量亟待提高。因此，2011 年 12 月 23 日，教育部、中共中央政法委员会颁布了《教育部中央政法委员会关于实施卓越法律人才教育培养计划的若干意见》。

该意见中规定的五项任务之一就是“强化法学实践教学环节”，具体包括“加大实践教学比重，确保法学实践环节累计学分（学时）不少于总数的15%。加强校内实践环节，开发法律方法课程，搞好案例教学，办好模拟法庭、法律诊所等。充分利用法律实务部门的资源条件，建设一批校外法学实践教学基地，积极开展覆盖面广、参与性高、实效性强的专业实习，切实提高学生的法律诠释能力、法律推理能力、法律论证能力以及探知法律事实的能力”。该卓越法律人才教育培养计划实施周期为10年，分期实施，首期为5年（2011—2015年）。首批基地包括80个左右应用型、复合型法律职业人才教育培养基地，20个左右涉外法律人才教育培养基地、20个左右西部基层法律人才教育培养基地。目前，卓越法律人才教育计划已经成为中国主要法学院校实践教学（本科）最主要的政策和资金来源。

在该计划资助下，各高校也自筹资金对计划实施予以配套设置和支持。例如，吉林大学依据教育部拨款额度，每年给予“卓越法律人才教育计划”各专业按照一比一配套拨款；在“985工程”中设立“卓越法律人才教育计划”专项基金；加大对项目计划实践教学经费的支持力度，保证学生实习或聘请校外专家实践的资金需要。

（2）国家级实验教学示范中心

为了进一步推动高等学校实验教学改革，促进优质教学资源整合与共享，加强对学生动手能力、实践能力和创新能力的培养，提高高等教育质量，教育部于2005年启动了国家级实验教学示范中心建设和评审工作。经过各高校申请、专家评审，截至2013年12月31日，中国人民公安大学、中国政法大学、辽宁大学、华东政法大学、中南财经政法大学、湘潭大学、中山大学、西南政法大学、西北政法大学、四川警察学院10所高校成功被评为国家级实验教学中心。例如，中国政法大学以证据科学（教育部）重点实验室、侦查学实验中心、六大法律诊所和四大模拟法庭为主体，建设了法学实验教学中心，学校先后投入2000余万元购置先进硬件设备，并保证每年投入200万元的教学运行经费，形成集教学、实验、创新、竞赛为一体的集成训练综合平台。

以中山大学法学实验教学中心为例，该中心于2005年1月成立，2009年11月获批为国家级实验教学示范中心（建设单位），目前是华南地区第一个获批为法学国家级实验教学示范中心的建设单位。该中心依托法学院和法医系进行建设，实现了强强联合，构建了集基础理论教学、综合实验教学、创新实践教学三位一体的、融合了法学、法医学知识与技能的卓越法律人才培养平台。该中心现有专、兼职教师共 79 人，其中专职教师 20 人，面向全校法学、法医学等 15 个专业开设了 29 门实验课程，每年承担该校 3000 余名学生的法学实验教学任务。

（二）实践课程教学师资现状

在法学实践课程教学过程中，教师居于发起者、指导者、组织者和实施者的地位。一方面，教师自觉以主导身份与意识开展教学活动；另一方面，教师主导着实践课程教学活动的发展方向和发展速度，并根据具体情况调整其运行状态。

1. 专门实践教学的师资

目前，各法学院校从事法学实践课程教学的教师，从二级学科或者教研室归属上来看，基本上都有自己的二级学科归属，如民商法、刑法、诉讼法，隶属于某教研室。对绝大多数法学教师来说，从事实践教学属于“兼职”，是本专业之外的其他教学工作量。

中国政法大学和中国人民大学设立专门的实践教学机构，聘任专门实践课程教学的教师，专门负责实践课程教学工作。2007 年，为增强实践课程教学的专门性，发挥实践课程教学应有的作用，培养具有理论素养和实践能力的复合型人才，中国政法大学法学院设立“实践教学教研室”，现有教师 7 人，其中教授 1 人、副教授 6 人，6 人具有博士学位。实践课程教学教研室以“教、学、行、效”的培养方式，以“立德、强能、求知、践行”为培养宗旨，以专职教学队伍、专业教学方式、专责教学组织、专修教学体系为培养支撑，专门承担着“法律职业行为规则”“法律诊所”“法庭辩论”“律师学”“公证法学”“法律实践基本技能”“法律写作”“律师实务”“非诉讼律师实务”“司法组织学”“法律职业行为规则”等课程的教学工作，并且承担中国政法大学法学人才培养模式改革实验班部分指导工作。中国政法大学自 2010 年起修订专业技术岗位聘任方案，在高级职称聘任中设立“实践教学”岗位。中国人民大学法学院于 2011 年设立“法律实践教研室”，现有教师 2 人，均为副教授，负责“法律诊所”“法律谈判”“法律文书”和“模拟法庭”等课程的教学工作。

2. 专兼结合的教师队伍

卓越法律人才教育计划中确定了实施高校与法律实务部门人员互聘“双千计划”，即选派 1000 名高校法学骨干教师到法律实务部门挂职 1 ～ 2 年，参与法律实务工作；选派 1000 名法律实务部门具有丰富实践经验的专家到高校任教 1 ～ 2 年，承担法学专业课程的教学任务。

师资队伍建设是实践课程教学能够有效实施的根本保障。各法学院系开始逐步建立专兼结合的教师队伍，完善高校与法律实务部门联合培养机制，特别是在实践课程教学方面，引入法律实务部门中有较高理论水平和丰富实践经验的专家到高校任教。如聘请兼职教授、聘请实践基地的业务骨干作为实习指导教师等。同时鼓励和支持高校教师到法律实务部门挂职，积累实务教学经验。例如，吉林大学对在“卓越法律人才教育培养计划”中发挥重要作用的教师，尤其是青年教师，实施特殊的激励政策，如设立教学改革专项资金，鼓励教师进行教学内容和方法的改革，实行研究性学习，推进教学深层次改革；对科研能力和教育教学能力强，但司法实践经验不足的教师，有计划地派往法院、检察院等法律实践单位参加实务训练，积累实务经验，提高实务技能。

目前，已经选派 5 名教师参加“双千计划”到法律实务部门挂职锻炼；学校面向法律实务部门聘请高水平或具有丰富实践经验的专家，特别是具有博士学位或具有副高以上（包括副高）专业技术职称的专家，参加本科学生的专业课程教学工作，指导学生完成毕业设计、业务实习等。

（三）实践课程教学计划现状

1. 在课程设计上

法学专业本科培养方案中一般将课程分为通识课、专业必修课与专业选修课。在所有实践教学环节中，只有专业实习列入了专业必修课中，而模拟法庭、法律诊所等都为专业选修课。此种课程设计的最终结果是将法学教育变成了通识教育。

2. 在学分设计上

在法学专业本科培养计划学分结构中，实践课程教学环节的学分一般在 8 ～ 16 分，占总学分的 5% ～ 10%，这与“卓越法律人才教育培养计划”要求实践课程教学环节不少于 15% 的要求相差甚远。

3. 在课程内容上

专业实习是所有法学专业人才培养方案中都包含的内容，多数法学院校设置“模拟法庭”课程，部分设置“法律诊所”课程，但是缺乏模拟类课程，如法庭论辩等。甚至有些院校除了专业实习外再无其他实践教学环节。

4. 在教学实践上

几乎所有的高校都把专业实习的时间安排在最后一个学年。学生一方面要承受参加国家统一法律职业资格考试的压力，另一方面要承受毕业论文写作的压力和就业压力，很难全身心投入实习中，必然使得专业实习流于形式，没有真正起到将法学理论与法律职业相衔接的作用。

5. 在课程占比上

一些院校受传统教育模式的影响，在制订法学课程的教学计划时，理论课占有绝对的中心位置，实践课则放在不重要的位置，有些只是随机地安排几节实践操作课。有些教师认为，法学课程的实践教学无非就是讲案例，最多就是组织学生对案件进行讨论。

（四）实践课程教学课程设置现状

1. 法律诊所

法律诊所教学以法律援助为基石，不仅能够解决学生代理资格、案源缺乏、资金短缺等具体问题，而且还能实现对法学生实务能力的培养以及良好品德的升华，进而促进“学生能力培养”这一实践课程教学核心目标的实现。

2. 模拟课程

从某种意义上来说，系列实践课程在当代中国法学高等教育领域的开设，是法学专业教学改革与建设的一种“实绩”。但“开设”仅仅是一个“再出发”的新起点，课程内容、教材教法、师资、管理等层面的后续跟进，任务艰巨而繁重。而课程内容及其教学方式层面的更新，更是其中最为关键的一个环节。

当前，我国正处于一个具有重大历史意义的社会转型时期，新事物、新情况和新问题不断涌现，法制建设和司法实践也随之发生变化，这无疑向法学教育提出了更为严峻的挑战。在这样的形势下，包括专业实践课程在内的实践教学，作为法学教育当中与社会变革关联最为密切、最为直接的重要场域，显然肩负着锐意改革与自觉更新的重要使命。

由这一点检视法学实践课程的现状不难发现，课程的固化和知识的老化依然是横亘在法学教育教学改革与建设道路上的“顽疾”。不少法学院系开设的实践课程，其实际的授课内容往往由教师根据自身的学科方向、知识所长、兴趣偏好来决定。教师在刑法方面较强，实践课程就完全以刑事案件为主；教师对民法比较熟悉，实践课程就变成了以民事案件为主，基本上不大会顾及实践课程本身的教学目标和学生的兴趣，在课程及其内容的更新上自然也就谈不上切实的投入。

由于各门实践课程之间往往缺少精心的设计和定位，导致不同课程的授课内容存在着部分重复的问题，这也是一种常见的现象。比如，在一部分院系中，法律诊所课常会涉及法庭辩论和法庭举证质证等方面的内容，但在模拟法庭课上又会再次涉及同一类课程，这就造成了有限的教学资源在一定程度上的浪费和低效。

此外，模拟实践的仿真性也需尽快提高，因为它和实效性直接有关。实践教学重在实践，但受课堂教学的限制，这里的“实践”往往需要以“模拟”的形式出现。就目前情况而言，课堂模拟的仿真程度较低，极易流于形式。例如，在模拟法庭演练过程中，学生多是在“背”，甚至是在“读”事先准备好的“脚本”，与其说是在模拟，不如说是在表演。这种表演只能让学生了解审判的流程，在提高开庭所必需的辩论能力、应变能力和口头表达能力等方面，学生没有机会得到应有的锻炼。此外，受课程安排所限，模拟实践通常是在同班或同级当中进行，学生之间彼此相熟，难免会出现笑场的情况；而本该“对立”的双方“当事人”，彼此间也缺少了相互“争胜”的意识，直接影响模拟实践的真正效果。

（五）实践课程教学考核方式现状

1. 统一考核与独立考核分离

现有的评价体系缺乏符合实践课程教学要素的制度设计，对实践课程教学的评价重视不足。因此，许多实践类课程考核都是将理论与实践结合起来，在考查理论知识掌握程度时，“顺带”考查实践内容，实践内容作为期末总评成绩的一部分。这样就使许多课程的实践环节成了可有可无的部分，通过报告、课堂案例分析讨论就可以填补实践成绩，这样统一考核的结果将造成实践形式单一化、实践内容省略化、实践能力忽略化。

2. 注重实践结果，忽视对实践过程的考核

在传统的法律实践考核中，往往只注重对实践结果的考核，而忽略了对实践过程的考核，如实习。由于实习一般在校外进行，往往由学生到实习单位实习，学生实习结束后交回实习报告及实习单位出具的实习鉴定报告，这两项成绩加权后得出实习的总评成绩。实际上，学校对各类实习和社会实践活动的控制力很弱，因此就会有学生并未真正实习而只是托关系开回一份实习鉴定报告“交差”，这种“放羊式”的实习很难考查学生的实际应用能力，背离了其本来的价值。事实上，我们不仅应该注重结果，更应该注重过程。要把过程和结果结合起来，引导学生更多地关注自己在实践过程中的感受，从而使实践技能真正得到锻炼和提升。

3. 注重对学生的考核，忽略对教师的考核

在传统法律教育教学中，教师的角色是“讲解者”，学生的角色是“聆听者”。

传统的法律教育以传授法学理论为主，教师在课堂上主要讲解法学理论和解释法律条文，学生则是被灌输这些法律知识即“被动地学习”。即使偶尔有少量的案例分析等实践课程教学环节，多数也仅是通过所学的法学理论来分析法律现象，这样仅能够提高学生的理论分析能力，而无法提高学生的实践能力。传统的考核方式只是注重对学生的考核而忽略对教师的考核。而实际上，在个性化的教学关系中，教师的真正作用在于构建学生的个体学习经历和体验，并在关键或必要时刻参与进来，以便启发学生理解这些个性经历的意义。若在这个过程中没有教师的参与，学生可能没有体会那么深甚至是没有机会体会到这些。因此，教师及学校更应主动地成为构建科学的实践类教学考核方式的主体。实践类教学考核不仅是对学生的考核，而且也是对教师的考核，即教师要真正参与到实践类教学中，而不是置身事外。

4. 考核方式单一

就目前来看，大多数考核方式只注重考查学生对教科书或教师上课所讲内容的掌握程度，更确切地说是考查学生的记忆程度，考核分数的高低主要取决于学生是否能够完整和准确地复述所谓的标准答案，在考核指标和考核方式等方面不够科学化和系统化。实践教学的活动形式内容丰富多样，单一笔试的传统考核方式已经不能适应其需求。学生的实践形式多样，对于不同的实践形式应该单独地进行考核，而不是将各种实践形式都用统一的标准来进行评价。

第二节　法学实践课程教学改革的意义

与一般课程不同的是，法学实践课程在开展过程中，只有让学员亲身体验案件、为当事人进行辩护和分析，才能将学习到的法律知识有效运用。法学实践课程的最重要目的在于让学生广泛地进行法学实践，提高自我的“法律执行”能力。法学实践课程能促使学生将所学的法学知识更好地与社会案例和社会矛盾结合起来，通过实践活动的开展进一步增强学生的法律意识和提高解决社会问题的能力，这是对应用型人才培养模式的有力尝试。法学实践课程的教学与改革在很大程度上能提高学员的“法律执行”能力，能为社会培养更多的人才。

一、符合社会主义法治建设要求

全面实现法治是实现国家长远战略规划的关键，是解决具体现实问题、推动国家不断发展的动力，也是实现国家长治久安、人民幸福安康的必要路径选择。法治能为国家发展提供根本性、全局性、长期性的制度规范保障。

法治对中国的当前和未来的发展有着重大的现实意义，加强法治建设为我国进一步深化改革、推进社会主义现代化建设提供了法治手段和制度规范保障。

无论是建设社会主义法治国家、维护社会公平正义，还是更好地服务经济社会发展，都有必要进一步发挥实践教学培养法律人才动手能力的作用。可以说，法学教育重视并大力提倡实践教学，一方面是源于对原有实践教学的反思，另一方面则是为了主动适应社会主义法治社会对高素质法律人才的需求。

法学教育是一种素质教育。法学教育教给学生法学理论知识，体现教育的人文关怀，同时也更为关注对学生法律实践能力的培养，尤其是对法律人特有的逻辑思维的培养。法学生崇高的法律信仰、广袤的社会视野、深厚的法律知识、扎实的实践技能，都是社会主义法治国家建设者所必备的素质。法学实践教学改革围绕教学方法、培养目标进行，重视学生个性和能力的全面发展，符合社会主义法治建设的要求。

二、促进完善法学教育课程体系

从 20 世纪 90 年代末至今，我国法学本科教育体系逐渐完善，各大学逐渐开设法学本科教育专业，其专业的人才数量不断增加。但是在实际发展过程中出现许多问题，制约着法学本科教育的发展。例如，据我国当前数据调查显示，每年法学专业的毕业生与其他专业毕业生相比，其就业率相对较低，同时各单位对其专业认同度不高，这些问题逐渐引起教育界的不断反思，研究其根本原因，从实际的发展情况来看，未来法学本科教育形势严峻，需要我们不断解决当前面临的问题，稳定发展。这就要求法学教育要把传授法律知识与培养社会主义法治理念结合起来，把课堂教学和实践教学结合起来，才能培养出更多德才兼备的优秀法律人才。理论课程和实践课程是法学教育这架马车上的两个车轮，不可偏废，否则法学教育这辆马车就会出现问题。没有实践课程的支撑，法学教育则无法形成完整的课程体系。

高校法学各类实践课程大同小异，虽然有些课程加入了案例，但是无一例外它们都是着重传授理论知识的课程。理论课程依照教材的逻辑顺序讲授，但是显然高校教学评估指标中对实践教学有了更高的要求。对于理论课程无法达到的教学目标，实践课程能够进行补充，避免了理论过剩而实践缺乏教学现象的出现。

将充分的实践课程作为补充，法学教育课程体系才能完整。在建设实践课程体系过程中要正确处理实践课程与理论课程的关系，科学合理地构建实践课程的结构与内容，与理论课程互相补充，形成完整的法学教育课程体系。

三、改善重理论、轻实践的教学局面

对实践教学的理解离不开马克思主义实践观的指导。马克思曾经指出："生产劳动同智育与体育相结合，它不仅是提高社会生产力的一种方法，而且是造就全面发展的人的唯一方法。"从字面上看，实践教学就是通过实践的方式来达成教育目标的教学活动。与理论教学相比，实践教学是在教师的指导下，学生在实践教学的开展过程中发挥自己的积极主动性，有意识、有目的地通过一系列的实践教学活动形式感受客观世界，并且将所学理论学以致用，能动地改造世界。

由此我们可以将实践教学理解为，实践教学是相对于理论教学的一种特殊的教学活动，在实践教学过程中，教师依据课程内容与学生的特点有计划地、有目的地组织开展一系列相关的实践活动，让学生在主动参与中将课堂所学的理论知识自觉地运用到实践中，从而提高学生的能力与素养，实现教学目标，达到一个良好的效果。

当前我国本科法学教育存在的突出问题之一即表现为学生实践能力的欠缺。现今大学教育以机器化大生产的规模培养本科人才，学生在教学流水线上完成本科教育，法学院校重视理论教学，忽视实践教学的重要性，形成了重理论、轻实践的教学局面。法学教育本身是法律实践的一个内在部分，理论教学也具有极强的实践性。改革后的实践教学，应当将社会法律援助、调解实务课程、取证技巧、司法口才等纳入实践课程体系中。

实践课程的教学目标是培养具有实践能力的复合型法律人才，要使学生掌握处理实际法律问题的程序，掌握调查取证的方法和技巧，熟悉代理程序，具备与司法机关、当事人沟通的能力；让法律职业者在实际办案中信手拈来，也使得理论教学与实践教学相互平衡，对改善重理论、轻实践的局面具有十分重要的意义。

第三节　法学实践课程教学改革的策略

法学作为一门应用性学科，实践教学应是法学教育体系的重要组成部分，它直接关系到高等教育法学人才培养目标的实现，法学实践教学的质量决定着法学教育的质量，法学教育必须坚持知与行的统一以及理论与实践的一致。对法学实践课程教学进行改革，有助于培养学生的创新能力、法律实际运用能力、社会责任感和法律职业道德。

一、合理规划教学任务

教学任务是指在教学中为实现教育目的所提出的不同层次要求。除教学共同的一般任务外，各级各类学校、各门学科乃至每一单元、每堂课的教学均有各自具体的任务。在以往的教学中，每门法学课程只讲授一门部门法，教师也多以每课时讲授多少页教材为教学任务。对课堂练习、案例分析都划定了范围，有时候教师的教案、课件要沿用好几年。实践教学改革正是要求打破教案的束缚，合理规划教学任务，将教学进度设定为具体的知识点被学生掌握，而不是片面地以教材第几章、第几节为起止。启发学生自学或训练学生的判断分析能力都是有效的教学任务。实践教学既要重量，更要重质。教学任务的设计本身就需要教师具备扎实的教学功底，熟知教育学理论。

（一）实践教学任务分阶段进行

实践教学应当分阶段进行，教学任务也应当与教学阶段相一致。教学任务反映出知识和实践技能的发展目标，也是每个教学阶段的经验总结。清晰、具体的教学任务，不仅符合法学学科的特点和学生的实际情况，而且便于在教学中对教学方向的指引，贯穿实践课程的始终。合理的教学任务有益于实践课程培养目标的完成，好高骛远、脱离实际或以教材页数为教学任务是对整个实践教学的敷衍。规范的教学任务体现了完整的实践教学设计过程，从教学实际情况出发，按照学生的知识起点和学习进度规划教学任务，选取恰当的教学方法，循序渐进地进行实践教学，从而达成教学目标。

当然也会存在一种现象，即对于有些知识点其他实践课程已经进行过了，而这一知识点的教学任务却出现在本课程之中，看起来好像重复教学导致课时的浪费。这就好比学习武术，任何人通过观摩都能打上几招太极拳，可是这并不等于会了几个太极拳固定套路就掌握了武术本身，武术除了太极拳也包含南拳、形意拳等。每门实践课程或多或少会有共通的知识点，这并不是教学任务的冲突。法律知识点在不同的实践课程中可能出现形同而意不同的现象，例如，调查取证的实践训练和模拟法庭都有询问证人这一程序。在调查取证中，询问证人发生在案件侦查期间；而在模拟法庭中，询问证人则是在庭审期间。两个实践教学看似都有询问证人，但询问的主体不同、询问证人的方式不同、询问的地点不同，需要掌握的询问技巧也不同。由此看出，不同课程对同一知识的反复训练反而能使学生对实践掌握得更加牢固。

（二）教学任务应当体现法学教育培养目标

实践课程对于本科法学教育的重要性与日俱增。推行法学实践教学改革，应当构建一个内容衔接性强、相互关联、合理布局的实践课程体系，将法学教育的培养目标贯穿始终。

具有理论知识、实践能力和法律思维的复合型人才是本科法学教育的培养目标，那么实践教学在教学任务的设计上要体现理论与实践的统一。例如，诉讼法的实践教学强调学生对整个诉讼流程的熟知，以掌握诉讼程序为教学任务。将诉讼法中对应的法理、实体法知识体系融入教学任务中，要求教师在指导实践的过程中注重学生对理论知识的掌握，并将相关理论要点纳入实践教学及考核中。与此同时，强调的法律思维也并非在“教与学”的过程中就能使学生习得，而是在潜移默化地教学影响中，由学生自身对理论与实践的提炼形成的。实践教学为学生提供自我训练的平台，学生通过实践对法学理论的理解更为深刻，在理论与实践碰撞出的火花中形成法律人特有的思维模式。

将培养目标纳入人才培养方案中，依此制订教学大纲和实践教学计划，立足于对学生法律思维和创新思维能力的培养。合理规划教学任务既是要充分考虑实践教学任务，又要求将理论教学要求融入其中，做到理论与实践的不偏废。

二、倡导实践课程以学生为主导

实践性法学教学是主张以训练法学院学生实际能力为宗旨的教学模式，它与讲授式教学方式相对，包括“诊所式”“模拟式”“研讨式”“辩论式”“案例式”等一系列的实践性法学教育课程。每一种实践教学方式都有其适用上的局限性和作用上的有限性，对学生实践能力的培养也有各自不同的侧重点。以学生为主导，拓宽法律实践教学的渠道，丰富法律实践教学的形式，通过对不同阶段和不同基础的学生适用与其相适应的实践教学方法，以及对相同基础的学生适用不同类型的实践教学方法来培养学生各方面的实践能力。

法学实践教学使学生成为真实案件中的角色。以往大多数课程是以教师为中心进行授课的，教师在课堂上讲授的主要是各门课程的基本理论和法条。究其原因，一方面，法学教师大多是从事科研的学者，注重对理论知识体系的掌握，强调系统教学；另一方面，迫于学校的教学计划，许多法学院校不允许教师在本科期间讲授与教材无关的内容，只要求教师对教材逻辑进行分析，教会学生论述法条，对教学内容予以严格控制。但是在现实生活中法律问题的逻辑不是如此清晰的，需要法学生拆分线索，再将蛛丝马迹进行整合，还原事实和真相。处理实际法律问题时，条文的分析必须与事实的认定、人际关系的处理、利益的冲突、特定的沟通技巧和法律职业道德以及种种社会状况相联系。如果实践教学只能灌输理论，而不能使学生掌握解决问题的技术，法学教育最终也只是培养了会论述法条的复读机而已。

在法学实践教学改革中，教师的地位发生转变，以学生为主，倡导学生在实践教学中的主导地位。现代教育心理学认为，人类关注自己所参与决策的事情，而对自己没有参与的事情无过多的关注。学生在有一定主导权的环境下，学习的动力就更大，学习的态度也就更为主动。法学实践教学应当让学生认识到自己肩负一定责任，他们的每一项实践举动都会影响到其他人的利益时，他们的注意力会更集中，在进行实践之前也会做好相应的准备工作，他们的实践学习也会随之积极主动。在实践教学中，学生亲自参加活动能够体会到责任感。特别是参加法律咨询、法律诊所等活动直接与当事人接触的时候，学生意识到自己的一言一行与当事人的权益休戚相关，会表现得更加有担当。以学生为主导的实践教学，不仅让学生在实践活动中主动学习，更教育学生应当富有法律人的责任感。这种责任感合乎法律职业道德的标准，对法学生今后的整个职业生涯都会产生积极的引导作用。

三、实践课程教学应当符合社会需求

社会需求，又可以称为社会需要，它是人类需要的重要组成部分，可以分为物质需要与精神需要。具体来说，社会需要主要指的是，某国家或地区在一定的时期范围内由社会可用于投资和消费的支出所实际形成的对产品、劳务购买力的总量。

当前法学实践课程教学应当符合社会需求，与社会需求接轨，培养应用型人才。

（一）满足市场经济对法律人才的要求

我国当前对具有实践经验的法律人才需求甚高。走进招聘会现场，通过浏览律师事务所、企业的招聘简章不难发现，整个社会对于法律人才的需求集中于经济法、民商法等专业方向，而许多法学院校忽略了社会对培养人才的要求。实践课程中涉及市场经济法律制度、知识产权制度以及国际经济法所占的课时比重不够，也欠缺相关的实践课程。理想的法学教育就是将法律知识与实践技能合二为一，通常我们称之为知能合一，与时代接轨，与社会同步。

在部门法课程中，国际法、商法等课程所占的比重较少，这已无法满足社会需求。例如，知识产权代理往往需要熟知专利申请流程，同时又要懂得审核代理合同的法律人才。又如，在商法课程中，教师授课时往往注重对原理和法律条文的论述，对于具有法律效力的票据所必备的几项条款，通常授课教师会告知一句口诀让学生记忆，但是大部分学生甚至都从未见过真正的票据。单凭死记硬背无法对某一法律概念进行理解。

（二）从实践教学走向社会

实践课程的教学形式与理论教学相比更为灵活多样，也更为强调课堂与课外的结合、校园与社会的结合。法律人终将为社会服务，以整个社会为法律实践的舞台。

在法学实践课程的教学中，教师是学生学习的启发者，在前期扮演的是引导者，阐释基本理论及法律实践流程，提示学生应当注意的问题。在实践教学中后期，教师则是释疑者，为学生答疑解难，提供解决问题的思路和方法，并对实践的每个环节进行考核。

每一门实践课程都有特定的实践方式和学习形式，任何一种模拟效果都无法与真实的实践相媲美。所以，法学实践教学终究需要回归社会，在社会这个大熔炉中真真切切地操作每一个法律流程，由学生亲身体验。法律诊所式教学便是最恰当的教学示例。一方面，学生在真实的环境中进行实践，用心感受每一个法律程序，体会每一个当事人的心情；另一方面，实践中也为社会服务，在经验丰富的法学教师的指导下提供法律服务，满足社会的法律需求。通过进入社会的实践教学，学生全面接触社会、认识社会，加强对司法实践的认识，进而在今后的法律职业中更好地融入社会。

我国法学教育不断发展，为中国法治社会的建设奠定基石。法科毕业生成为法律职业者、法律教育者，乃至知名法律学者，都是法学教育为社会所做出的贡献。重视法学实践教学，推进实践教学改革的目的无非是以期完善实践课程体系，改进实践教学，从而推动整个法学教育的前进。

第六章　法学教育人才培养模式

我国正处在一个全新的时代，为了适应新时代的要求，培养出适合社会新形势的、合格的法律人才，应对法学教育人才培养模式进行探索。本章分为法学专业人才的素质构成、法学教育人才培养模式的问题、新型法学教育人才培养模式的构建三部分，主要包括法律信仰、法律职业道德、法律思维范式等内容。

第一节　法学专业人才的素质构成

1999 年 6 月《中共中央国务院关于深化教育改革，全面推进素质教育的决定》中指出："实施素质教育，就是全面贯彻党的教育方针，以提高国民素质为根本宗旨，以培养学生的创新精神和实践能力为重点，造就'有理想、有道德、有文化、有纪律'的、德智体美等全面发展的社会主义事业建设者和接班人。""实施素质教育应当贯穿于幼儿教育、中小学教育、职业教育、成人教育、高等教育等各级各类教育，应当贯穿于学校教育、家庭教育和社会教育等各个方面。"高等法学教育除了对我们的教育对象一般性素质的优化和提高有着义不容辞的责任之外，基于法学教育特殊的培养目标，还肩负着对法学专业人才所必需的一些特殊素质的培养。在高等法学教育中贯彻素质教育，研究现代社会的法学专业人才应该有的特殊素质构成是一个必要前提。

素质首先是一个心理学的范畴，作为个体的人的素质是指人的先天的生理解剖特点，它只是人的心理发展的生理条件，虽然有一个后天的优化和潜质挖掘的问题，但其本身是无法教育的。素质教育中的素质，显然不是这个自然属性意义上的素质。

素质教育中的素质，一般有两种理解。一是指国民素质，即体现在个体中的由受本人所属民族和国家的习俗、传统、语言、文化、意识形态、社会制度等因素的影响而形成的基本品质或素养，它是一个社会的范畴，具有鲜明的时代性，素质教育就是以优化和提高国民的这种素养和品质为目的的教育；二是指人的内在规定中区别于纯知识存储的素养、品质、能力等内容的统称，在这里，素质教育是相对于只注重知识传授的传统教育而言的，它是一种以培养受教育者的品质、素养和能力为目的的教育。这两种素质概念只是认识的角度不同，实际上都是落足于人的素养和品质等后天可塑的规定性。因此，我们这里探讨的法学专业人才应有的特殊素质构成不是指先天的遗传素质构成，而是指作为一个现代社会主义国家的高级法学专业人才应该具备的特殊品质和能力构成。基于此认识，我们认为高等法学教育应该特别注重培养和提高学生的以下基本素质。

一、法律信仰

法律信仰是一个牵涉法学、心理学、社会学乃至伦理学的概念，其内涵极其丰富。它是指人们对法律的发自内心的且虔诚的信任、相信和崇拜，具体包括法律权威意识和依法办事的法律行为习惯两个方面。

法律信仰首先表现为唯法是从的法律权威意识，这是建立在对法律的本质及其功能理性认识基础上的一种对法的尊重、信任和绝对服从的主观态度。可以把它分解成以下几个方面：①法律至上的意识，即法律在人的心目中具有至高无上的尊严，它是指一切个人和社会组织均必须在法律的范围内活动，不允许由任何法外的、凌驾于法律之上的权力存在；②法律至圣的意识，即法律神圣不可侵犯的意识，任何个人和组织违反法律均毫无例外地承担相应的法律责任；③法律至贵的意识，即坚信法律是不可替代和不可或缺的，法律是社会公平和正义最高的也是最后的标准。

法律信仰不仅是主体对法律的心理状态，同时也是主体的法律行为习惯，是主观心理与客观行为的有机统一。法律信服心理和法律权威意识是法律信仰的内在动力，而自觉的法律行为习惯则是法律信仰的外在表现。把内心信念外化为执着的行动追求，是构成法律信仰的最高层次。在这里，法治不仅是国家（或政府）所关心并努力从事的事情，而更是社会公众所关心和应当关心并努力投身其中的事业；不仅是其他社会公众所关心或者应当关心并为之奋斗的事业，而且同时也是包括自己在内的全体社会公众应当主动地自觉参与的共同事业。良好的法律行为习惯表现在：①自觉守法，即人们应自觉地把自己的一切活动纳入法律规定的模式和轨道中，使自己的行为能够符合法律的内在要求；②积极用法，即根据法律设定的权利范围和实现方式去行使和获得权利，维护自己的合法权益；③主动地护法，在国家、集体或他人的合法权益被非法侵犯时，能够挺身而出同违反法律者进行坚决的斗争。

法律信仰是法治的灵魂，是现代法治的基础和前提。美国著名法学家哈罗德·J. 伯尔曼说："法律必须被信仰，否则它将形同虚设。它不仅包含有人的理性和意志，而且还包含了他的情感、他的直觉的献身，以及他的信仰"。这是因为："仅凭理性的推导和功利的计算，怎能够唤起人们满怀激情的献身？不具有神圣意味的法律又如何赢得民众的衷心拥戴？"人们"尊法"并不意味着在物质层面对法律条文的遵守，它的真正的精神底蕴是对法的神圣性的信仰。因此，法治的核心应该是体现社会公众发自内心对法的真诚信仰，在这种信仰中，人们对法明显没有那种敬畏的距离感，而有的只是由这种信仰所产生的归属感和依恋感。正是在这种社会普遍的法律情感氛围中法律最终找到了自身的正当性与合理性的真正基础和根源，也只有在这个基础和根源中，法律才获得真正的、有普遍社会感召力的神圣性，由此，法律的最高权威也才能得以真实地确立和维持。

而一个国家、一个民族的法律信仰的建立，首先是职业法律家的法律信仰的确立。专业法律工作者是以法律为业的人，法律在社会中的命运直接决定职业法律工作者的命运，因此法律信仰不仅是每一个法律专业人才应有的思想素质，而且是其职业生活即自身安身立命的必要社会条件。从事律师职业的赞恩做过这样的对比："法律的历史表明，没有职业律师阶层就不可能存在法治。祭师执法的弊端在于他们眼中第一位的是宗教利益，而法律是第二位的。但对律师来说，法律是第一位的，法律的利益是至高无上的。每桩案件都是如此。祭师靠宗教过活，律师靠法律过活。"而且，职业法律家对法律的态度直接影响到民众对法律的态度，也就是说，职业法律家的法律信仰是在整个社会建立法律应有的权威的基础条件。民众对法律的认识在很大程度上是在与法律工作者打交道的过程中形成的，法律家，特别是法官的言行给人以什么印象，法律在人们心目中往往就是什么印象。试想，如果法律工作者自身将法律都仅视为为己所用的工具，玩法律于股掌之中，置法律于权势、利益之下，那么还会有一般民众对法律的尊重和信赖吗？

二、法律职业道德

法律职业道德，也称作法律职业伦理，想要把握其本质，首先要了解法律职业的概念。

法律职业是社会生活众多职业的一种。"职业的标志是这样一种信念，即这是一个有相当公共意义的工作岗位，从事这一工作要求有非常高的专业的甚至是深奥的知识，这种知识只有通过专门的正式教育或某种精细监管的学徒制才能获得。”“必须强调，一种工作之所以被分类为职业，其关键并不在于其实际拥有社会珍视的专门知识；关键是要有一种确信，即某些群体拥有这样的知识。因为，正是这种确信才使这个群体可以声称其职业性地位，有机会获得因这种地位赋予的独占性的特权以及由此带来的个人利益。”尽管对法律职业的内涵和外延说法不一，但一般意义上，认为法律职业是由以操作法律事务并实现法律价值为共同终极目标的一类人的活动所构成的职业。主要指法官、检察官和律师这种依托深厚法律知识背景而居于法律实施核心地位且独立存在的职业。

法律职业道德是指法官、检察官、律师等法律职业人员在其职务活动与社会生活中所应遵循的行为规范的总和，是职业道德在法律专业领域的具体体现。法律职业道德是社会伦理体系的重要组成部分，是社会道德在法律职业领域的具体体现和升华。伯尔曼在《法律与革命——西方法律传统的形成》中将法律职业道德的传承作为法律职业共同体的一个重要特征。

从广义的角度而言，可以将法律职业道德分解为两个层面，一个层面是法律职业道德规范，也有人将其称为法律职业伦理，它反映了法律职业伦理关系的规范性的要求，具有客观性、社会性；另一个层面是法律职业者个体的道德品性，它是伦理规范内化为个体的道德选择、道德品性，是人遵循为人之道所引起的收获、体验，具有主观性和个体性。

法律职业道德规范是在法律职业活动中形成的，反映法律职业伦理关系并规制法律职业共同体的道德准则。法律职业准则是与法律活动的职业化相伴而生的。任何职业，因其是人们长期所从事的具有专门业务和特定职责的社会活动，有着独特的职业责任和职业纪律，因此形成了特殊的道德准则和规范。正如德国政治学家马克斯·韦伯所说：“近代官吏团体已发展成一支专业劳动力，经过长期的预备性训练后有专长。并且近代官僚集团出于廉洁正派考虑，发展出一种高度的身份荣誉意识，若是没有这种意识，可怕的腐败和丑陋的市侩习气，将给这个团体造成致命的威胁。没有这种廉洁正派，甚至国家机构纯粹技术性的功能也会受到威胁。”法律职业道德从内部维护着法律职业的良好地位与尊严。世界大多数国家都将这种职业伦理关系以明文道德准则的形式体现出来，有人将其称为“道德制度性约束”。如美国 1887 年《亚拉巴马律师法典》、1969 年美国律师协会制定的《律师职业道德准则》和美国律师协会通过的《律师职业责任法典》等。我国也陆续出台了类似的伦理规范要求，《中华人民共和国法官职业道德基本准则》就是其中之一。

法律职业者个体的道德品性是在履行其职责的活动中对法律职业道德准则的内化和遵循，集中表现为个人的观念情操和品质境界。当代的伦理学一般把道德品质概括为知识、意志和行为的统一体。具体来说，道德品质是由道德认识、道德情感、道德意志、道德信念和道德行为五个方面构成。道德认识主要指人们对个人同社会和他人的关系以及对一定社会用以调解这种关系的理论、原则和规范的了解和掌握；道德情感是人们基于一定的道德认识，对现实生活中的道德关系和道德行为所产生的倾慕或鄙夷、爱好或憎恶等情绪态度；道德意志是人们在履行道德义务过程中，克服困难、障碍而做行为抉择的努力和坚持精神；道德信念是人们对于某种人生观、道德理想和行为原则的正义性深刻而有根据的笃信，以及由此而产生的对某种道德义务的强烈责任感；道德行为是道德品质的外部状态，表现为道德语言、道德行动和道德习惯。法律职业道德也主要体现为一种个人的道德选择和道德品性。

因此，高等法学教育除了向学生传授法律知识、培养专业技能之外，还需要对学生进行专门的职业伦理教育和培养，正确的法律职业道德信念和良好的法律职业道德品质是法学专业人才必备的基本素质。

然而，“中国法学教育中最缺乏的是职业伦理的教育”。在迄今为止的高等法学教育中，无论是针对本科生还是针对研究生，都没有开设专门的职业道德课程或职业伦理课程，在理论上对法律职业伦理的系统研究也很少。这与我们十分注重思想道德教育的教育体系是很不协调的。当然，这个方面的教育是否一定要开设专门的课程倒不一定，但是我们的法学教育必须有这个内容，必须注意对学生这个方面素质的培养则是毋庸置疑的。

三、法律思维范式

法律家的思维活动是一种高度理性化的认知形式。所谓法律思维，是指在国家法制生活中，法律家与法学家群体基于某种共同的或者类似的知识背景、职业传统与行为习惯形成的某种较为稳定的思维倾向（包括思维主体的价值指向、主体自觉指向与对象自觉指向等三个方面），并以其行为实践中的需要及需满足的反馈机制为实际基础而形成的一定思维范式。

法律思维方式有什么特点呢？有日本学者把它概括为：教义学的性质，过去导向性，个别性，辩论的一刀两断性以及推论的原理性、统一性、类型性和一般性。季卫东在《法律职业的定位》一文中将其归纳为三个方面：一切依法办事的卫道精神，“兼听则明”的长处，以三段论推理为基础的缜密的思维。孙笑侠教授认为，法律家的思维方式有以下五个特征：第一，运用术语进行观察、思考和判断；第二，通过程序进行思考，遵循“向过去看”的习惯；第三，注重缜密的逻辑，谨慎地对待情感、情理等因素；第四，只追求程序中的相对的真，不同于科学中求真；第五，判断结论总是非此即彼，不同于政治思维的权衡特点。李龙教授则把法律思维具体分解为法律家的思维和法学家的思维两类，认为法律家典型的思维范式有三种，即独立性思维、保守性思维、崇法性思维；现代法学家的思维范式也有三种，即在思维主体自觉指向上的“批判型思维”，在思维时空范围指向上的“前瞻型思维”，在思维价值取向上的“人权型思维”。这里我们不去讨论法律思维具体的内涵，我们只是要说明法律职业，无论是法官、律师还是法律研究者，均有其源自专业工作特点的特殊思维方式，培养受教育者的这种特殊的思维方式，显然是以培养高级法学专业人才为己任的高等法学教育之基本职责。

法律是通过法律工作者创造性的劳动而创建和实施的。法律的制定虽然是一种国家权力行为，即它最终是由国家权力的代表者通过或认可而产生的，但要把统治阶级的意志上升为国家意志，再把国家意志外化为具体的法律条文，并且还要使这些法律条文被社会价值观系统普遍认同和具有实际的操作性，这其中离不开法律工作者的创造性劳动。他们的政治信仰、伦理观念以及思维模式必然或多或少地影响着法律的制定，使国家的法律打上他们主观特性的烙印。法律的实施更是这样，法律的抽象性、概括性与社会生活复杂多样性的矛盾决定了法律的实施过程是一个法律的再创造过程，特别是在判例法国家，由法官、律师等专业法律工作者的共同工作形成的判例，甚至成为法的渊源。因此，法律家的思维方式与他的政治信仰、道德品质一样，应该成为我们关注的内容。

长期以来，在学术研究层面上对法律家在国家法治中的作用缺乏足够的重视，有一种把法律与法律家截然分离、只关注法律而忽视法律家的倾向。这其中一个重要的原因是人们对人治的恐惧，很多人担心，如果过多地强调人的作用，有走向法治的对立面——人治的危险。实际上，法治与人治的区别在于法治可以不需要人的作用，法治所依靠的不是个别或少数人的政治领袖，而是整个法律家群体。韦伯说：“倘若没有有学识的法律专家决定性的参与，不管在什么地方，从来未曾有过某种程度在形式上有所发展的法。”回顾人类社会法律制度发展的漫长历史，如果没有罗马时代法律家群体的卓越贡献，就不会有古罗马法的发达与繁荣。而近现代法治的兴起与发展，无一不是在法律家群体的参与和创造性的工作中实现的。因此，国家的法治建设，必然包括法律职业队伍的建设，包括这支队伍的成员应有的基本素质的构成培养和提高。

综上所述，法学专业人才基于其特殊的职业需要，有着其特殊的基本素质要求，研究和总结法学专业人才应有的素质是在法学教育中贯彻素质教育理念的前提和基础。坚定的法律信仰、崇高的法律职业道德和科学的法律思维范式是法律专业人才必不可少的基本素质，高等法学教育必须对其给予充分的关注和重视。

第二节　法学教育人才培养模式的问题

一、人才培养模式的构成要素

在目前的研究中，对“人才培养模式”这一概念的理解存在着较大的差异，不同学者对人才培养模式的理解也是见仁见智、众说纷纭。总的来说，人才培养模式主要探讨的是人才培养中诸因素的最佳组合与构成。“人才培养模式，是指在一定的教育理念的指导下，教育工作者或教育机构普遍认可的，为实现培养目标而采取的培养过程的某种标准构造样式和运行方式。”具体而言，人才培养模式是以教育目的为导向，以教育内容为依托，以教育方法为具体实现形式，直接作用于受教育者身心的标准构造样式和运行方式。

尽管目前人才培养模式的概念存在多种表述，但基本含有以下几个共同的特征：第一，它是贯穿整个培养过程的宗旨，是培养的关键所在；第二，它由一系列的基本要素组成，这些要素之间相互制约，相互促进，共同发展；第三，它有一定的规律和共同的思想理念及方法；第四，它经过实践的检验并且能指导实践。

（一）培养目标

培养目标在人才培养模式中起着导向作用，其余要素均受其制约。它规定了对受教育者培养的方向及在一定的修业年限结束后应达到的要求，是教育目的、教育理念的具体化，是教育教学活动的出发点和归宿。在制定人才培养目标时，制定主体应考虑以下四个层面的内容：第一，培养目标应符合时代背景与社会发展需求；第二，培养目标应符合我国教育方针对各类教育人才培养的总体要求；第三，培养目标应符合教育法规对教育的一般要求，即学生应当掌握的基本理论和实践技能；第四，培养目标应与学校自身的特点、办学定位相一致。故高等学校在制定本科人才培养目标时，应根据社会需求培养通才抑或专才、学术型人才抑或应用型人才，明确本科教育与其他类别教育的差异，在《高等教育法》的指导下，结合自身的特色或优势，使学生在规定的修业年限结束后掌握必备的知识和技能。高校培养目标最终又是通过专业培养目标体现出来的，专业培养目标一般包括培养方向、培养规格、规范与要求等要素。

有的学者在论述人才培养模式构成要素时，提到了“培养规格”这一概念。这里简单概括一下培养目标和培养规格的联系。培养规格是培养目标对学科或专业培养质量标准的具体化，它规定着学生应当掌握的专业或学科的理论知识、实践技能和应达到的素质要求。

与培养目标相比，培养规格具有可操作性，灵活性更强。培养规格通过教育教学内容和课程体系表现出来。培养规格中规定的知识结构、能力结构和素质结构决定了教育教学内容和课程体系的综合化、结构化、灵活性。总之，培养目标与培养规格是一般与具体的关系，培养规格更加灵活，能及时跟随社会行业的发展以及对人才的要求做出调整，影响培养过程，以更好地实现培养目标。

（二）课程设置

所谓课程，“即教学内容按一定的程序组织起来的系统”，是“教学内容及其进程的总和”。课程设置历来被视为人才培养的核心内容，决定着受教育者的知识、能力和素质。课程结构往往由若干个模块组成。我国高校本科课程一般分为公共课程、基础课程、专业基础课程和专业课程四大模块，每一个模块包含一系列学科。目前，大学课程结构与学科设置均比较重视基础课或普通教育课，越来越重视多学科的相互渗透和跨学科课程的设置。

衡量课程设置是否科学、合理，主要有以下几个参考指标。

1. 课程设置数量

课程设置数量是决定课程体系是否丰富的基础。课程总量过小的高校将无法提供足够数量的普通教育课程和选修课程，从而不利于宽口径专业目标的实现和复合型人才的培养。只有课程数量充足、课程资源丰富的课程设置体系才可以有效满足各种教学计划的要求，并通过一定的教学运行机制释放出更大的教育能量。

2. 课程体系综合化程度

课程体系综合化程度反映一所大学中学习领域的广度及综合程度。具体来说，一是看课程的学科种类是否广泛，二是看课程的学科间融合是否密切。课程的综合化程度对人才的知识能力结构具有明显影响，综合化程度高有利于人才跨学科、跨专业选课，开阔知识视野，激发探索性的思考，打下扎实的学术基础，塑造完整的人格，加强对综合能力的培养。

3. 课程结构的平衡程度

课程结构的平衡指各种类型的课程在数量、学时与质量等方面协调匀称，有利于培养学生合理的知识和能力。在课程结构中，最重要的是明确本专业的核心课程或主干课程。其次要根据社会发展要求和学校、专业自身特点来确定主干课程与一般课程、基础课程与专业课程、必修课程与选修课程、理论课程与实践课程的比例关系，使之达到最优化。

4. 课程设置机动性

课程设置机动性是指课程体系满足人才多样性、层次性以及柔性化教学要求的能力。提高课程体系的机动性，一般有实行课程模块化、系列化，增加选修的经纬性等途径。实行课程模块化、系列化是指编制课程时按照学科类型、课程类型、功能类型、需求类型等要求进行模块编制，形成系列化体系，以不同的模块组合方式去满足各种教学计划的需求。增加选修的经纬性指不但开设横向的选修科目供学生选修，而且允许学生选学纵向的课程，即低年级学生可以选修其感兴趣而又可以接受的高年级专业课，高年级学生也可根据其需要选学与专业有关的、为低年级开设的某些基础课程。

很多人在表述课程设置模式时容易与专业设置模式混同。专业设置模式指的是设置口径、设置方向、设置时间、设置空间等方面的问题。设置口径有宽窄之分，从世界范围来看，最宽可宽至学科群，最窄可窄至三级学科。当代高等教育正在提倡向宽口径方向发展，即所谓的“淡化专业界限”。设置方向是指在专业口径内划分的专业主攻方向，一般攻读研究生学位需选择专业方向。专业设置时间有松紧之分，学生可以在入学时选定专业，也可以先接受通识教育，到一定阶段之后再分流培养。设置空间有大小之别，空间小的以专业为界，没有丝毫弹性；空间大的则可以允许转专业、转院系或跨专业、跨院系甚至还可以与研究生教育打通，这种做法很适合复合型人才和贯通型人才的培养。

（三）教学模式

国内外教育学者对教学模式的探讨从未停止过，但至今还没有统一的标准定义。

美国教育家布鲁斯·乔伊斯和玛莎·韦尔于 1972 年把教学模式作为一个正式的科学概念提出来。因此，他们的研究被认为是国外最有影响力的研究。他们提出，教学模式是构成课程、选择教材、指导在教室和其他环境中的教学活动的一个计划，他们在以后的研究中又指出教学模式就是学习模式，教学过程的核心就是创设一种环境，在这个环境里学生能够相互影响，学会如何学习，一种教学模式就是一种学习环境，这种环境有多种用途，从如何安排学科、课程、单元、课题到设计教学资料，如教材、练习册、多媒体程序、计算机辅助学习程序等。这些模式能够为学生提供学习的工具。在这里，布鲁斯·乔伊斯把教学模式当成一个计划，这个计划太具操作性，以至于失去了其理论的色彩。

国内对教学模式的定义主要体现在三个方面：第一，把教学模式归结为方法范畴，我们称之为“方法说”；第二，认为模式与方法有联系也有区别，会在具体的时间、地点和条件下表现出不同的结构，我们称之为“结构说”；第三，认为教学模式是人们在一定的教学思想指导下，对教学客观结构做出的主观选择，我们将之归结为“程序说”。

以上对教学模式的定义都只是从某个具体角度切入，从而缺乏完整性，并未完全触及教学模式的本质。在这里把它定义为：在一定的教学思想和教育理论的指导下，为实现特定的教学目标，设计组织教学，并以简化的形式稳定地表现出在实践教学中建立起来的各种教学活动的基本结构。由此可见，教学模式是教学理论的具体化，同时又是对教育经验的系统概括。它在教育理论与教育实践中间架起一座桥梁。

教学模式是培养模式的执行要素，在培养模式中占有十分重要的地位，培养目标能否实现，很大程度上取决于其运作质量。教学模式从狭义的角度来说，主要指教学运行机制，教学组织形式，教学方法和教学手段等一系列因素。

1. 教学运行机制

教学运行机制有基本教学制度和组合教学制度两种。基本教学制度主要指学年制和学分制。学年制以必修制为主要形式，课程有严密的层次划分及先后顺序，教学计划统一，结构较刚性化，培养规格单一，不利于学生的个性发展与潜能开发。学分制以选修制的存在为前提，以达到一定的学分数量为毕业的标准，较弹性化、柔性化，较好地适应了学生的个体差异，通过自主的选课机制形成富有个性的专业知识结构和多学科渗透结合的文化素质。

目前，我国大部分学校对学年制和学分制进行取舍糅合，以适应不同的培养要求。组合教学制度在目前主要有双学位制、主辅修制、本加专制、“本硕连读”制、“硕博连读”制等，客观上为不同状态、不同目标的学生提供了多条学习途径。组合教学制度极大地拓展了人才培养模式的丰富性与多样性，能够很好地满足个人与社会的不同需求，非常有利于对宽口径、复合型人才的培养。

2. 教学组织形式

教学组织形式一般指教学空间组织形式和教学时间结构。从空间形式看，主要有班级教学和个别教学两种基本形式，其他如多级制、不分级制、开放制等教学组织形式，都是由这两种基本模式派生出来的。教学时间结构包括课时、学季、学期多种层次，体现为课堂时间结构、学期时间结构等多种结构。追求教学效率是设计教学时间结构的重要目标，一个合理的教学时间结构在好的教学方法的配合下，能产生较好的效果。

3. 教学方法和教学手段

人才培养活动的一个重要环节就是教学活动，教学活动的进行依靠一定的教学方法。教学方法是教学活动过程中教师与学生为实现教学目的和符合教学任务要求，在教学过程中所采取的行为方式的总称。教学方法体现了特定的教育和教学的价值观念，它指向实现特定教学目标的要求，还受到特定的教学内容、具体教学组织形式的影响和制约。在教学活动中，比较常用的教学方法有以语言传递信息为主的讲授法、讨论法等，以实际训练为主的练习法、实验法、实习法等，以引导探究为主的发现法、探究法等。各个教学方法各有利弊，教师应根据不同的教学内容、教学目标来选择不同的教学方法。

与教学方法相近的还有教学手段，很多人在表述培养模式的构成要素时，将教学方法与教学手段混为一体，其实二者大不相同。教学方法是指方式、原则，教学手段是指为了使教学活动能够顺利进行而借助的辅助工具。传统的主要教学手段就是黑板、粉笔、教材等工具，现在随着高科技的发展与进步，各种电子化教育设备开始走进课堂，多媒体正逐步被广泛应用，教学手段正朝着信息化的方向发展。

（四）评价机制

评价机制是指依据一定的原则建立的与专业培养目标、培养方案、培养过程相适应的评价方法与标准，以保障专业培养目标的落实、完成。评价的实质是对教育教学活动的价值进行判断，以此来提高教育教学的质量和效益。培养评价是人才培养活动中的最终环节，也是衡量和评判人才培养活动成败的环节，同时还是影响下一次人才培养活动的重要环节。在人才培养模式中，一方面，评价机制可以衡量和判断人才培养活动是否成功，是否达到了预期的人才培养目标；另一方面，通过人才评价机制我们可以有效地监控人才培养活动过程，及时发现并纠正偏差行为，进而保证人才培养活动能够按照预定的人才培养方案进行。

评价机制有两种，一种是学校内部的评价尺度，另一种是学校外部的评价尺度，即社会的评价尺度。社会对高等学校人才培养质量的评价主要以高等学校毕业生的质量为评价依据。社会对毕业生质量的整体评价，主要是评价毕业生群体能否很好地适应国家、社会、市场的需求。学校内部的评价尺度，主要以高等教育的内部质量特征为评价依据，即评价学校培养出来的学生在整体上是否达到学校规定的专业培养目标的要求。

一般来说，评价所需要的信息和资料是通过考核的方式获得的。考核的方式多种多样，但一般主要采用理论知识考查来进行考核。现在越来越多的学者、专家主张复试考核，即在考核时，根据考核内容和目的把几种方式结合起来。在学生学完某门专业课程后，除了进行理论知识的考查，还增加平时考查和实践技能考查。复试考核方法改变了以往单一的、孤立的考核方法，其考查的项目较多，涉及的知识面、技能面较广，有利于全面地、真实地了解学生的专业素质情况，同时加强了对实践教学内容的考查，检验了学生实际操作技能和即时解决问题的能力。各种教育评价活动的目的是判断“三个方面的符合程度”，即学校的办学定位是否符合社会需求；学校的专业培养方案是否符合学校的办学定位；学校培养学生的教学效果是否符合培养目标的设定。

二、法学教育人才培养模式存在的问题

（一）法学教育与法律职业脱节

法学教育和法律职业之间有着紧密的联系。法学教育是从事法律职业的基础，法学教育为法律人才从事法律职业提供了相关理论和实践知识；法律职业为法学教育的开展指明了方向，且法律职业又极大地丰富了法学教育的内容。两者相互作用、相互影响，当法学教育和法律职业形成良性的互动时，法学教育与法律职业相互促进，相得益彰。如果把法学教育和法律职业没有有效地联系起来，两者之间的信息得不到有效反馈，将导致法学教育和法律职业的发展面临严重的威胁。长久以来，我国的法学教育过于重视法律知识的理论教育，并没有与法律职业形成良好的互动，这样就造成法学教育和法律职业之间没有形成良好的反馈。

由于受多方面因素的影响，高等院校培养的人才已经不能满足社会的需求，使得众多法学专业的大学毕业生在从事法律职业相关领域的工作时都必须参加相关的法律职业培训，这样不仅严重浪费了校园和社会资源，而且也大大延长了法律人才的培养周期。将从以下几个方面来详细探讨中国法律人才培养模式存在的问题。

1. 培养目标有所偏离

培养目标是指在教育目的的直接制约下的特定形式、特定层次、特定类型的教育所造就的“教育产品”（人或人才）以及与之相对应的规格。培养目标具有多元性，在各级各类学校教育活动中发挥“协调”作用。《高等教育法》提出，“高等学校的任务是培养具有创新精神和实践能力的高级专门人才”。

中国的法学教育培养目标与法律职业渐行渐远。众多应用型高等院校的法学专业教育，过多地偏重于对法学理论知识的传授，而忽视了对学生实践环节的教学。法学专业与法学实践的脱节，使得法学教育没能培养出高素质的法律职业人才。现行的这种教学模式只着眼于对学生基础理论知识的拓展，而学生的实践操作能力，思考问题、分析问题的能力，运用法学知识分析社会生活实际问题的能力没有得到提高。在法学理论教学中，没有很好地对学术型教育和应用型教育进行有效的区分,应用型人才教育与学术型教育一样均以法律相关基础理论为核心，很少或者没有对应用型人才进行相关实践环节的教育，扭曲了应用型法律本科教育的培养目标。

2. 专业理论课程设置不合理

随着社会的发展，当前的法学教学内容已经不能适应当今社会发展的需要。当前的我国应用型法律本科教育的课程主要是根据学科的逻辑结构来开展的，不同高校之间的差别不大，过分注重法律知识体系的系统性和完备性，而法律教材的内容过于陈旧，没有很好地反映当今国际法学领域发展的最新成果，传授相关的法理学知识成为其主要目的，按照学分制强制学生选择公共必修课、公共选修课和专业必修课等课程。试想，如果学生没有实践作为基础，根本没有很好的辨识能力来挑选自己感兴趣的法学课程,这也将使得学生的法律知识体系过于单一，毫无自己的专业优势可言。另外，教学也始终以“学科”为其最终目的，课程内容与社会要求和职业能力的要求相差甚远，断开了法学教育与法律职业的联系、理论学习与实践工作的联系。法律人才的教育理论课程主要是以相关学科为核心，实现单科分段教学，理论知识的完备性是其追求的重点，学生获得比较系统的法律理论知识成为其唯一的目的。这种法律教学的课程设置往往强调基础理论而忽视实践教学，造成理论和实践分崩离析，法学教育的培养目标也就无法企及。

当前的这种课程设置模式虽然可以传授给学生一定的法理学知识，但无法传授实践能力，课程教学与实践教学完全割裂开来。一方面，教学目标有所偏移，过多强调学科教学理论知识的系统性，课程设置没有很好地从学生今后从事的职业角度出发，设计和培养所需的核心工作能力。另一方面，课程设置太过单一，没有很好地体现与其他相关专业的融合性，在目前这种教学模式的课程设置下，学生大部分时间都在进行法律基础理论的学习，很多知识对其今后的工作没有任何指导作用，而因为专业课程设置严重忽视了相关的实践教学，学生的应用法律知识解决实际问题的能力没有得到有效的提高。

当今社会对从事法律职业的相关人才的要求也发生了巨大的变化，要求法律人才必须具有更高的综合素质。社会不再需要简单的技术型人才，而是需要复合型法律人才。例如，在国际经济活动中，不仅仅要求法律人才拥有一定的法学相关理论，还必须了解经济、外语等其他学科的专业知识，显而易见，单纯的专业基础理论知识已经远远不能满足当前社会的需求。除了单一的专业知识外，法律人才的社会实践能力也非常薄弱，这也是国内高校法学教学培养目标发生偏移的结果，造成我国法学专业的人才培养过分强调对基础理论知识的培养，对实践能力的培养则在很大程度上被忽视。

法律人才的教学内容没有很好地将理论知识与动手实践能力的培养进行有机的融合。目前法学人才培养模式的课程设置在教学方法和考试方式、课程设置、学科设置等方面都存在较大的缺陷。法学知识的相关教材数量很多，但是拥有新颖独到观点的书籍少之又少，甚至有的法学教材还存在一些错误，法学教材中出现的错误也将严重损害教材应有的权威性。教师在给学生授课的方法上忽视了对学生创新思维和实践能力的培养。在考试方式上，大多是以标准答案来评判学生学习成绩的，这在很大程度上使得学生的创新能力得不到很好的发挥。学生也仅仅靠死机硬背课本上的相关理论通过考试，他们很少进行独立思考。加快对法学相关专业教学内容的改革已经刻不容缓，在课程设置方面应该加大选修课所占的比重，减少公共必修课的数目，教师在课堂教学中应该多花时间积极探讨案例法教学，开设诊所式的、多种实践性很强的法律课堂教学模式；在考试方式上，突出考查学生的创新能力和实践技能，摒弃以前那种纯粹的、死记硬背的考试模式。

3. 教学方法单一

教学方法是教师组织教学的一种表现形式和重要手段，是实现教学培养目标的重要途径和根本方法。教学手段现代化是当今法学教育的重要特点之一，全国高等院校在这个方面做出了一定的努力，也取得了一定的成效。当前我国高等院校在理论教学过程中仍然以讲授法为主，所采用的教学模式是知识导向型的，即以对基础理论知识的掌握为教学工作的出发点和归宿点，整个教学过程都体现了理论知识的重要地位，研讨式、案例式、项目式等教学形式在实际教学过程中所占的比例仍然不高，部分高等院校甚至没有相关的实验室、模拟法庭、资料室等，教学质量更是无从保证。实际教学效果表明，在教学过程中，丰富的教学形式是取得良好教育效果的关键。教学形式穿插在实践教学过程当中，对提高学生的整体专业素质和专业技能是大有裨益的。

4. 教师的专业素质不足

学校教师的法律专业素质不高，也是制约我国应用型人才教育发展的重要因素之一，当前很多应用型高等院校的教师大多直接来自高校，没有从事过法律职业的相关工作，对法律职业人才的具体要求不是很了解，高等院校普遍重视教师的学历，各高校通常对取得博士学位的教师和引进的博士教师给予特殊的政策支持，但是很多引进的博士大多是在研究型、学术型教学环境下培养出来的，如果自身缺乏实践经验，那就更加没有能力去教育学生了，对于一些积极参加实践的教师却没有在政策上给予很好的扶持，教师职称的评定主要还是强调学历要求和科研成果而忽视对实践能力的考查。在没有相应的鼓励和支持下，教师也会失去对自身实践能力培养的积极性和动力，理论教学就是教师的主要任务。所以，当前我国高等院校的大部分教师实践能力的欠缺，严重地制约了相关实践活动的开展，严重阻碍了我国应用型法律人才培养模式改革的步伐。

高等院校法学专业的教师实践能力十分薄弱。部分教师都是学术性人才，包括新引进的博士、教授都是在研究型、学术型的环境下培养出来的。与此同时，由于相关领导也有着重理论轻实践、重知识轻能力的观念，使得广大教师不愿花大量的时间和精力对学生进行实践课的教学，实践课教学的工作量计算比不上教授理论课，从而更多的教师愿意去教授理论课，不愿意教授实践课，也没有很强的积极性对学生进行实践环节的教育，即使万不得已对学生进行实践教学，大多也只是走马观花、流于形式，没有达到实践教学所应该有的效果。再加上很多高校教师与法律职业部门缺乏频繁且深入的沟通联系，没有很多参与实践活动的机会，加之年轻教师理论教学课程任务较多，也没有时间和精力走出校门从事与法律专业相关实践能力培养的工作。

（三）法学教育知识结构单一

现代社会出现了许多大量交叉、包容性的法律问题，任何具有单一素质的法律人才都不能妥善、全面地解决这些问题。我们强调要培养复合型的法律人才，就是要求他们不仅具备法律专业知识，还要具备经济、自然科学、人文科学等方面的知识。只有具备全面的知识，才能解决社会中的复杂问题，而现在的法学本科教育课程设置中涉及国际贸易、心理学、社会学等几乎没有，尤其是全球性法律知识的匮乏极大地制约了我国更好地融入经济全球化进程的步伐。

从用人单位对法学毕业生的评价和反映来看，法学生的知识结构普遍单一，远远不能胜任社会对复合型人才的需求。从所开设的课程和对学生的实际培养来看，不少高校的课程结构缺少实质性的创新，无非是在传统的14门核心课程之外点缀了一些与经济学、哲学、社会学等有关的选修课而已，并没有将法律课程与其他相关课程进行有机的结合和逻辑性的编排，这就导致法学生的知识结构存在问题：一方面表现为对理论训练的缺乏；另一方面表现为对其他学科知识的了解不多。

我国于1996年招收法律硕士研究生，这一教育模式的培养目标是“具有宽口径、复合型、外向型的知识与能力结构的高级专门人才”。它的招生规模迅速扩大，根据国务院学位办的统计，1995—2004年，先后分6批共设立了50个试点单位。可以说基本上涵盖了中国高水平的政法院校。随着试点院校的拓展，招生规模也从1996年全国首期招生425人达到2003年全国报考人数37000人，招生2700多人。至2004年，已跃居全国各类专业学位研究生报考人数第一名。1996—2006年，累计招生近50000人，其中获得学位的为18102人，现有在校生近30000人。法律硕士研究生的培养与它的目标存在很大差距。

总体来看，中国的法律硕士依存、依赖并附设于固有法学教育体系中，中国法律硕士的设计借鉴了美国的新型教育模式，但是，从总体上看，在制度设计和人员配置，包括课程设计等方面，中国的法律硕士与原有的法学教育体系没有根本性区别。此外，由于只是短暂的法律基础教育，也没有与本科专业进行很好的衔接，不但不能满足社会的需要，也造成了一定程度上资源的浪费。

（四）法学教育缺乏教学实践

1. 实践课时分配较少

我国法学专业教育在课程时序方面的安排一般是：第一学年学习基础理论，第二学年学习专业课，第三学年为理论课和少量实践课，第四学年为较多实践课和少量理论课。这种安排基本上是一种由深入浅，由单纯的理论到实践的过程。

教育部在1998年出台《普通高等学校本科专业目录和专业介绍》规定：“主要实践性教学环节一般不少于20周。”

以武汉大学为例，2005年底武汉大学法学院在其网上供教师讨论的法学专业培养计划中，通识教育课 41 学分，占总学分的 27.3%；专业基础课 68 学分，占总学分的 45.3%；选修课不少于 21 学分，占总学分的 14%；而实践教学环节 4 学分，占总学分的 2.7%。北京大学法学院现行培养计划规定，法学专业学生毕业总学分为 140 学分，必修课（含公共必修课、专业必修课）91 学分，占总学分的 65%；选修课 39 学分，占总学分的 28%；而实习仅 2 个学分，占总学分的 1.4%。

目前，我国高校法学课程的开设主要以部门法学科的划分或国家颁布的主要法律为标准。也就是说，这种课程设置以传授知识为主，不是将理论与实践相结合的模式。而且从师资队伍看，大部分教师是从高等院校本科或研究生毕业后直接从事教学工作的，没有在法院、检察院、律师事务所工作过，缺少丰富的工作经验。在教学中更多地注重理论研究，而没有从法学学科本身的实践性、技术性出发来训练学生的实践能力和操作能力。法学本科实践教学主要是靠学生在毕业前的两三个月去法律服务机构实习。这种毕业实习是学生亲身体验司法工作的实践过程。但其缺陷是，毕业实习前大多数学生对人民法院、检察院及其他法律服务机构设置的工作程序并不了解，加之毕业实习时间有限，部分学生只能走马观花式地了解一下，只有少数学生能真正地去参与和得到锻炼。

2. 实践途径不多

实践教学的问题在于，学生很少有真实参与法律诉讼或法律实践全过程的机会，这难以最大限度地激发学生的主体性、能动性和创造性。

高校在开展法律实践方面的教学时，大多利用一些律师事务所、检察院、法院等机构到校内成立相关的法律实践基地。这些实习基地很多都没有起到对学生实践能力真正的锻炼作用，其主要是应对相关部门的检查或者学校的教学评估之用，究其原因是多方面的，主要是缺乏长期的制度性建设。

另外，在实践基地出现问题以后，法律实践部门也很少采取积极的应对措施，没有从整个法学教育的高度去思考问题，没有很好听取、采纳广大师生的意见和想法。实践基地遇到的具体问题也极少公开探讨，多数高校法律教师也没有过多的热情和精力去指导学生参与实践基地的教学，对于实践部门究竟有哪些问题不了解（甚至不想了解），对于在实践基地教学过程中面临的实际问题也未能采取有效的方法来解决，实际的教学方法和教学内容也都失之偏颇。这样的教学模式和教学方法没有能很好地指引学生有效地参加实践基地的学习，导致学生的实践能力和运用法律知识解决实际问题的能力没有得到应有的提高。这种法学教育实践环节的缺陷将直接影响法律人才的社会竞争力，也不利于整个国家的法制建设。由于学生在校内实践能力的欠缺，在从事法律职业相关工作之前都要到专业的培训机构重新学习，这不仅浪费了校园的教学资源，而且延长了人才培养的周期。

3. 实践教学的难于开展

法学实践教学的目的就是培养学生的实践能力，保证学生可以将所学的理论知识灵活运用于我们的生活当中。法学实践教学模式则是结合教学的内容，来创设或者模拟相应的理论知识运用场景，使学生能够在不断的锻炼中提高自己的实践能力。通过对法学实践教学模式的运用，学生不仅能够加强对知识的理解和掌握，也有助于他们灵活运用所学的知识解决生活中的一些问题，促使他们的法律专业能力得到提升。

在我国的法学教育实践中，模拟法庭教学方法往往很难起到应有的作用。一方面，模拟法庭教学方法要求学生具有一定的基础知识及技能，要进行完整的模拟法庭审判必须拥有一定的实体法和程序法基础，而程序法多在大学二年级才开始学习，所以大学低年纪的法学生由于缺乏基本的法学知识，要进行模拟法庭审判是非常困难的，也不能起到实际的作用。大四学生由于写毕业论文加上找工作的压力，往往无暇参与，模拟法庭教学方法实际适用的阶段非常有限。即使学生在参与模拟法庭之前已掌握基本的知识及技能，要勉强在短时间内论证一个复杂的问题，也只能采取快捷的方式恶补，通过这样的方法学习到的法律内容不会长久，因此对学生没有长远好处。第三，一次模拟庭审耗时甚多，角色有限，既不能保证学生都有机会参与，也不能给予学生多次练习机会。总之，模拟法庭固然有其优点，但其作为一种技能培育方法存在着多种缺点。

刑事侦查与物证技术实验、专业实习和法庭观摩也同样存在一些问题。随着高校的扩招，法学专业的学生骤增，给实践教学的组织安排带来了很大的困难。一方面，指导教师和实验室资源的有限性，难以保障每个学生拥有足够的实践机会。另一方面，学生数量过多也使得实习、法庭观摩难以集中安排。由于实习生众多，实习单位对实习生不够重视，没有具体落实指导教师形成一套具体的指导方案等，实习效果参差不齐。而且，自高校扩招以来，大多数学校不同程度地忽视了对这些教学形式的建设，对其缺乏规范的管理，使本来就极为有限的实践教学活动在实际上流于形式，相当一部分学校甚至这些基本的教学环节在形式上都没有健全。

4. 实践教学经费严重不足

自21世纪初，随着我国高校办学规模的扩大，我国高等教育中的教学经费明显不足。我国实践教学经费总体而言是偏少的，而我国文科的教学经费相对于理工科的教学经费要少很多，具体到法学专业，实践教学更是严重不足，能够落实到实践教学的更是严重不足。相较于理论教学，实践教学需要更多的投入，现在各高校普遍面临专业实习经费不足等问题。经费的短缺，使得高校的硬件建设受到限制，教学设施差必然制约着实践教学的发展，使得实践教学环节大打折扣。

（五）法律人才培养中法律职业伦理欠缺

法律人才培养中对法律知识的掌握是前提条件，但法律职业伦理素养的培养则是必要条件。法律人才只有具有较高的伦理素养，才能公平、公正地处理案件，防止腐败的出现。这也凸显了我国法律人才培养过程中的法律职业伦理培养的问题。

第一，对法律职业伦理的重要性认识不足。当今社会，随着法治的日益健全，法学理论的日趋完善，在对法律人才培养的过程中，法律知识的重要性显而易见，且引起大家的高度重视，但是对法律职业伦理的认识和重视程度欠缺，这也是导致我们国家出现司法腐败现象的重要原因之一。

面对这一情况，能够找出以下方面的原因：一是在法律职业伦理培养方面没有相应的理论支持；二是相应的师资力量薄弱；三是有关部门，包括法律院校没有足够的重视。在法律人才培养系统中有着十分重要地位的法律职业伦理在现实中的境遇却相当尴尬，一些学校根本没有开设这样的课程，一些本科院校在这方面几乎都是空白，更没有把“法律伦理”列入培训计划当中。一些研究生院校虽然认识到了法律职业伦理素养的重要性，也列出了培训计划，但是由于教材、师资的限制，培训效果不尽如人意，达不到预期目的。

第二，有关法律职业伦理教育方面的教材较少、教师资源紧缺。大多数法律院校都开设了民法、刑法、宪法、法理等专业课程，有关这方面的教材有很多种，学校在选择时有较大的选择余地，就像研究生考试时很多学校用的教材各不相同，但是法律职业伦理这门本应开设的课程，在许多学校却没有开设，这就导致了这门学科的教材极为稀少。

第三，缺乏有效的评估。抽象的意识形态是无法用具体的标准来衡量的，我们不能通过考试成绩来判断学生是否具备良好的法律职业伦理，而且这种内在素质的培养是一个长期的过程，不仅与学生课堂所学的知识有关，还与学生本身的综合素质相关，无法去评估，自然也无法有针对性地进行培养。概言之，无论是评估，还是培养，都没有一个有效的机制。

（六）法学实践教学的效果不理想

1. 实习的时间安排不当

目前，各个学校的实习时间一般都安排在了大三的学期末，这样的安排主要是考虑经过了三年系统的学习和训练，学生已基本具备了参与法律实践活动的能力，有一定的基础知识储备和专业知识功底了。但是，司法考试的改革对实践的安排产生了影响，学生为了准备考试，往往不能全心全意投入实践活动中，没有收到真正的培训效果，同时，也会影响实践基地单位对学生和学院的评价，久而久之，也会反过来对法律实践教学基地产生不利影响。

2. 实践教学缺乏系统性和规范性

法学专业实践教学的形式虽然多种多样，但是大多数院校的法学专业实践教学的形式还主要停留在模拟审判、法律咨询、旁听审判、毕业实习等几种形式，范围狭窄、内容不系统，其中一些实践环节是否进行，随意性很大，与实际的法律职业相距甚远。一些学校虽然开设了法律诊所课程，但限于师资力量和物质条件，只能招收少数学生。这样的种种约束使得教学实践环节不全面，没有形成完整的实践教学链，影响了对学生综合素质的培养和创新精神的培养。

法学实践教学缺少成熟系统的体系和规范，虽然说国内的有些法学院校对实践教学已经有所重视，但实施情况并不是很好，实践教学整体上仍处于探索的阶段，缺乏可供参考、借鉴和推广的成熟经验，多处于自我研究、自我实践的初级阶段。实践课程的设计和实施环节的安排都由教师自由支配，没有注意到实践教学应当紧扣培养目标和培养规划。与此相对应的是，实践教学没有成熟的具有可操作性的教学大纲和教材。

3. 实践教学评价机制不够完善

法学实践作为一个系统，必须有评价，评价是在教学过程中，对教师教学、学生学习的情况进行分析，根据相关评价体系，把教学过程中发生的情况真实地、全面地反馈给系统的各方面，用以发现问题，提高各方面的素质，它是教学质量监督过程中的一个重要环节，是提高教学质量的极为关键的因素。没有科学作为支撑的评价方式，是很难保证教学的实践性特征的，在整个教学过程中，其占有十分重要的地位。良好的学术规范和有效的教学评价机制是一个学科得以健全的标志之一。通过教学评价掌握学生实践的真实情况，了解学生的切实需求和想法，收集一些反馈信息，进行分析、综合、评价；根据评价结果及时地改进教学方法，以达到预期的教学目的。法学实践教学评价机制的这种建设对创新实践基地的发展起着举足轻重的作用。

从法学教育的整个体系框架来看，评价机制没有引导好法学教育的发展。由于国内院校众多，政府的直接评价机制逐渐弱化，而毕业生就业市场的约束机制并没有传导到大学教育的内部背景中，法学实践教学评价机制的效果不大。具体而言，就是这样的评论方法很缺少实质内涵，总结性评价徒有其名。评价标准非常模糊，在法学教育评价标准中，教师缺乏提高教学质量的目标和动力。

第三节　新型法学教育人才培养模式的构建

一、明确新型教育模式的目标

法学专业培养适应地方需要的应用型、复合型法律人才，符合学校的办学宗旨、层析、功能和目标地位。

人才培养机制创新符合《教育部中央政法委员会关于实施卓越法律人才教育培养计划的若干意见》的要求。该文件要求探索“高校—实务”部门联合培养机制。加强高校与实务部门的合作，法学专业与司法实务部门签订联合培养人才协议。

制订法律人才教育培养计划，创新法治人才培养机制，注重法学理论教育和实践的结合，符合培养法治人才及后备力量的要求。

培养适应度高、理论基础扎实、具有国际视野、具备实践能力和创新精神的高素质应用型人才。

培养应用型、复合型法律人才符合国际范围内法律人才培养的一般规律，美国和澳大利亚等国的法学专业都以培养应用型、复合型法律人才为目标，要求法律人才一般具备两个专业背景，获得两个学位。

二、构建新型的学校教育模式

（一）推行以人为本的个性教育

所谓的以人为本，是指人们处理和解决一个问题时的态度、方式、方法，即指人们抱着以人为根本的态度、方式、方法来处理问题，而所谓根本，就是最后的根据或最高的出发点与最后的落脚点。其实，以人为本就是要充分重视人性，体现人文的关怀，保护人的正当利益，善待社会上的每一个人。

所谓个性教育，是指通过对被教育对象进行综合调查、分析、研究、考核、测评等，根据环境的变化、未来社会的发展趋势和被教育者的潜能等，对法学教育提出目标、计划，并通过适当的教育方法对被教育对象的心态、思维等方面进行培训。法学教育必须遵循受教育者身心发展的客观规律，使受教育者的个性充分发展的基础上，其身心得到全面的发展。

（二）课程设置和教学方法的合理化改革

1. 注重教学环节

在新模式下，教学环节可以从三个方面进行划分：一是课堂教学环节。此教学环节主要是由教师按照教学计划，传授有关课程的法学理论问题。二是实践性的教学环节。在此教学环节中主要开设专题调研、庭审教学和实际部门的实习。三是课外阅读环节。在此环节中主要由教师推荐一些中外法学经典著作，要求学生定期进行阅读，并把所获得的收获作成笔记，以提高自身的法学素养。

2. 教学内容的改革

教学内容的改革是法学教育改革过程中最为重要的环节，法学理论课程的教学内容，应当是在尊重科学的原则之下，体现出来它的深刻和广博，并且具有鲜明的时代感和前瞻性。坚持真理、尊重科学是法学理论课程的生命源泉。

3. 教学方法的改革

法学理论课程的内容，决定了课堂教学是其教学方法的基本构成要素。改革教学方法的主要任务，就是促进灌输式教学方法向启发式教学方法转变。灌输式教学方法是以教师为教学活动的中心，学生被动地接受知识；而启发式教学方法则是以学生为教学活动的中心，教师围绕调动学生学习积极性而展开教学，学生主动地学习知识。

4. 丰富教育形式

传统的法学教育以教师讲述并解释基础理论概念，以及对一些典型的案例进行分析，学生在课堂上被动地接受知识为主要形式。在这种情形下，学生面对简单的文字可能无法快速地理解知识的深层含义，更没有办法拓宽知识，而是局限于知识本身，与实践应用脱节。此外，单一的文字叙述方式也使课堂氛围略显枯燥。但随着“互联网 +”技术与教育领域的融合，以往多媒体教育的稀缺情形不复存在，高校基本已经实现了电子课件投放教学的全面覆盖。法学本身烦琐但又富含理性，图片、音频或是视频时常出现在课堂教学中，从而使晦涩冗长的文字在电子课件中绘制成思维导图，也会使复杂的案例以视频的方式展现在学生面前。信息技术的发展无疑为法学教育带来了新的形式，推动了法学教育的改革进程。

（三）知识传授和技能训练并重

1. 知识传授方面的改革方向

（1）实现专业知识与通识知识的融合

从目前我国法学教育的实际状况来看，要真正实现对学生的人文精神塑造，除了重视通识知识课程，确保通识知识课程授课的质与量以外，最重要的措施是真正将非专业知识浸润于专业教育过程中，实现专业知识与通识知识的融合，消除学生对通识知识轻视的心理。实现上述目标的有效措施之一就是解决过早进行专业划分的问题。

（2）提升方法知识在法学教育中的地位

目前，加强对方法知识重要意义的认识，提升方法知识在法学教育中的地位，是矫治我国法学教育中存在的误区的对策之一。方法知识虽然并不具有直接的实用功能，但其蕴含了说明具体案件处理是否能够说服人，或者解决问题的理由是否能够成立等问题的理性依据。

（3）赋予价值知识在法学教育中应有的地位

任何知识都是一把双刃剑，既可以给人类带来繁荣发展与幸福，也可以给人类带来灾难。“我们对于学法律的学生，倘再不顾到他们的道德修养，那无异替国家造就一班恶虎。”法学教育所培养的对象是未来社会正义的维护者，还是社会正义的破坏者，关键就在于知识的拥有者的人格修养。

因此，法学教育不应仅限于帮助学生理解和掌握知识，而更应该培养学生对知识、对法律、对社会的正确态度，唤醒学生的法律职业意识，使他们在知识的学习、探索和运用中，遵循必要的伦理规范，树立起为他人、为社会造福的崇高理想。

因此，法学教育传授法律职业伦理规范，培养学生驾驭知识的态度和能力是尤为重要的。学生只有掌握了价值知识，才能确保事实知识有益于社会的法治事业建设。

2. 技能训练方面的改革方向

（1）诊所式法律教育的引进与整合

诊所式法律教育自 20 世纪 60 年代在美国兴起后，受到了世界很多国家和地区法学院校的关注，这些国家和地区的法学院校已经广泛而成功地引进了这种教学方式。

（2）法学家培训制度的建立

诊所式法律教育的引进弥补了我国法学教育对职业技能训练的缺失，但是，就法律家的职业素养，特别是职业技能来说，接受法学教育仅仅是其中的一个方面。特别是我国法学教育以体系性、学理性教育为主，不可能全部承担职业技能训练的教育任务。法律职业所需要的法律职业技能还必须经过一个专门的司法培训阶段的历练。因此，设立专门的司法培训机构，作为法学教育后的衔接性制度，这对高素质法律家的培养是十分必要的。

（四）加强法学师资队伍建设

探索建立高校与法律实务部门人员互聘制度，鼓励支持法律实务部门中有较高理论水平和丰富实践经验的专家到高校任教，鼓励支持高校教师到法律实务部门挂职，努力建设一支专兼结合的法学师资队伍。鼓励法学骨干教师到海外学习、研究，提高专业水平和教学能力。积极引进海外高层次人才和教学团队，聘请世界一流法学专家学者到国内从事教学、科研工作。

（五）不断完善教学新机制

1. 积极调整教学内容和方法

法学教育应当由传授知识转向教授学习方法，使学生运用各种学习方法来学习知识，学会运用知识去解决问题。在教学内容上，把教授职业上的共同感觉、职业上的共同尊严和职业操守、职业技巧等作为基本内容。在教学方式上，一是对原有的知识进行讲述和理论阐述，主要采用讲授教科书式的教学方式；二是采取经常化的案例讨论、案例分析等，主要采用师生互动式的教学方式，通过实践部门寻找典型案例进行分析，从而提高对法律原则的理解和规律规范的适用能力。

2. 依托语文学科、逻辑学科、应用文书学科等基础教育学科

法律人才对需要解决的法律问题，运用法律思维从证据材料中选取定案的证据，将所需要了解的事实和材料理解为自己认定的事实和证据依据。此外，还要

努力培养学生高超的概念认知能力、较高的阅读理解能力、规范的逻辑思维能力、优秀的表达能力和各种应用性文章的写作能力。在学校教育当中，学生要学习到合同的起草、诉状的撰写、裁判文书的制作等实用法律文书的写作方法与技巧，并且掌握研究性学术论文等法律论文的写作方法。除了课堂上记住的司法文书的格式、结构以外，在讲话、报告、通知、调研等非完全法律文书的写作能力的培养上，还要着重培养论述的逻辑思维能力和逻辑表达能力，在纷繁复杂的材料中尽快地找到有意义的问题，并且对问题进行符合逻辑规律的论证。在各种文体写作中，要做到概念清晰、语言简捷，运用最符合逻辑思维的论证过程，增强层次感和思维的渐进性，并且，借此来增强表达效果和论文的说服力。

3. 积极探索决断方法教育、法学方法论及法律实务调研的教育

决断的方法，就是帮助司法执法人员建立正确的法律思维，是公正、高效决断的一些理论、规则、方法和技巧，不同于法律规范的解释方法，但是，也不是对法律思维、法律论证和法律推理的简单运用，而是关于事实认定、证据分析、法律规范选择及处理案件中的调解、生效法律文书的执行等的方法，通常要用到政治学、经济学、管理学等多个学科的知识，考虑到个案中的利益分配与当事人所代表产业的利益平衡、与社会公益的平衡，使得多个矛盾纠纷得到最佳的处理，使得多个社会问题得到最佳的解决，达到法律效果与社会效果的高度统一。

要积极探索法学方法和法学方法论教学，教授给学生学习法学知识的方法、研究法学理论的方法、全面理解和正确适用法律规范的方法、解决各种复杂案件的方法、创设规范的方法，树立起学习知识、充分运用恰当的方法论解决问题的现代法学观念，以及创新法学理论、做好司法机制改革的方法。

在加入世界贸易组织和全球经济加速发展的时代，法学教育和法律人才的培养还应当进一步把目光投向世界、投向国际，充分重视培养法学生的依法治国观念、司法独立与公正观念、法制统一观念、非歧视观念、国民待遇观念、透明度观念，还应当十分重视国际交往纠纷和涉外案件的情境分析能力、处理能力，努力培养学生和法律职业工作人员在复杂的矛盾中分析问题和解决问题的能力，努力培养学生和执法司法工作者了解和适应新时期的各国法律制度、国际组织统一规则的能力。

三、加强对实践教学的思考

法学是一门理论性和实践性都非常强的学科，法学教育必须处理好知识理论

教学和实践教学的关系。因此，在当前的法学教育中，强化实践教学已经成为法学教育的共同选择，越来越得到法学院系的高度重视，但在实际操作过程中仍存在许多问题。加强对法学实践教学的思考，提高法学实践教学的成效势在必行。

（一）增加法学实践教学课时

传统的实践教学模式的改变，主要就是要树立正确的教育理念，从法学教育的实践性、职业性的特点出发，强化实践教学，突出法学教学的实践特色，提高学生的实践能力。在指导思想上，应当更进一步倡导以启发式代替灌输式；在功能上，实现由教给学生法律知识向教会学生应用法律知识、分析解决问题的方向转变；在教学方法上，强调学生学习的主动性、独立性。根据学生的不同学习阶段，形成一整套贯穿于本科四年学习全过程的法学实践教学方案，以及评估体系，更加规范和完善法学实践课程的设置，增加实践教学活动的时间，可以考虑按理论课程 10% ～ 15% 的课时确定法学实践课的课时，按全部理论课学分的 10% ～ 15% 来确定实践课的学分，以此来强化实践课的教学。

（二）制订合理的法学实践教学计划

要想制订一个明确且容易操作的法学实践教学计划，就要合理设置综合性的实践教学课程，把实践教学强制性地纳入教学计划和教学要求当中，要规划和建设一批实用型的教材、教学大纲和教学课件，明确教学内容、教学目标和教学计划安排，来指导和规范实践教学。法学实践教学内容一般应当包括法律诊所实习、庭审旁听、模拟审判、专题辩论、疑案讨论、法律咨询、社会调查等，并且对实践课程的一些课程内容和要求进行加强。

（三）提高实践教学的水平

实践教学对教学投入的要求很高，在经费和专项基金上，必须有必要的保证，政府和学校应当加大对实践教学的资金投入力度，改善实践教学的场地和设施。

同时，处在信息时代的法学教育，也应当跟得上国际化和网络化的发展趋势，要注意通过现代化的教学设施拍录典型的案例，制作优秀的课件，通过计算机、网络模拟等，让学生亲身接触、感受更多的实践内容。

另外，还要鼓励高等院校与公检法等单位建立全面的合作关系，使司法部门遇到的典型案件能够为法学院校师生所知悉，使高等院校的师生更多地接触一线实务，更多地参与一些典型案件的论证。

（四）完善实践教学评价考核体系

评价体系大致包括课程的设置是否合理，教学大纲是否完善，教学方案是否具有可操作性，实施的方法和步骤是否可行，教师是否尽职尽责，学生的学习任务与要求是否明确，学生的能力是否有所提高，教学经费的使用是否有所保障，管理和监督的措施是否到位，考核的内容是否全面和合理，教学效果是否有明显的提高等方面。对学生要实行量化指标的考核方式，要改变现有的应试教育考试制度，从多角度、多层次设计“多点式”的考核评价制度，把重点放在学生学习过程中知识的掌握、能力的发展、素质的提高上，以学生的思想道德、学生对知识的掌握、法律思维、法律实际操作能力、文化素质、合理交流能力等为主要内容，形成学生学业的评价体系指标。

四、充分重视法律继续教育

继续教育是产生于现代工业社会在终身教育背景下迅速发展起来的教育领域，也是当今世界教育发展和改革的重要趋势。联合国教育、科学及文化组织出版的《技术和职业教育术语》称“广义的继续教育是指那些已脱离正规教育、已参加工作和负有成人责任的人所受的各种各样的教育”。根据这一定义和我国国情，继续教育是面向已结束了初始学校教育之后走上社会的所有社会成员的教育活动，包括学历教育和非学历教育、职业导向的教育和非职业导向即以丰富精神生活和提高生活质量为目的的教育。

大力加强和发展继续教育是广大社会成员不断丰富和更新知识、提高能力和促进自身全面发展的迫切要求，是构建我国终身教育体系和学习型社会的重要任务，也是促进我国经济和社会可持续发展、建设人力资源强国和创新型国家的关键因素。

（一）强化法律继续教育观念

法律继续教育是一种极其特殊的产业，它是一种无形的产业，是建立在对教育本质的科学认识、理论思考之上的一种产业，是时代进步的一种表现。

从属性上来看，法律继续教育既有自然属性，又有社会属性，法律继续教育把可能的劳动力转化成了现实的劳动力，是科学知识进行再生产的重要的、科学的手段，对提高生产效率、增加财富起着极其重要的作用。从人类的实践活动来看，法律继续教育主要表现为一种社会性的活动，它是人类社会实践活动的重要组成部分。从社会分工的角度来看，法律继续教育也是一种产业，它承担着其他任何产业都无法替代的社会性分工，是掌握新技术不可缺少的手段、方式，被社会需要，是人类社会一个永恒的范畴。

（二）加大对法律继续教育的投入力度

对于理论知识方面，不仅仅是教育者要有精深的理论知识，还要将其传授给法律工作者，让其对其理解、领会。而技术方面的培训，更重要的是加强对动手能力、动脑能力的培养，教育者只进行方法的讲授，而让法律工作者亲自动手进行实践，单位、学校尽可能地为法律工作者提供参与到实践中的机会。

针对法律继续教育培训场所的问题，应当单独进行设立，不能仅仅靠借用学校等教育机构的场所来进行，更应该建立适合法律继续教育的特殊场所，如建立模拟法庭环境、审判场所等。因此，建立法律继续教育的场所，应成为发展法律继续教育的重要问题。此外，资金的投入也是十分重要的。法律教学科研经费的发放，成为法律继续教育发展的重要保障。

建立一种专门对法律继续教育进行培训的机构，这些机构之间既进行激烈的竞争，又保持着信息交流。这种激烈的竞争使得培训机构的管理人员必须想方设法地提高法律教学质量，加大对法律继续教育的资金、场所等的投入力度，否则，法律继续教育就无法生存、发展。而信息的交流，使得法律继续教育与其他方面处在一种开放式的、有机联系的系统之中。这就使得法律继续教育在社会这个大集体中处于一种与多方联系的、相互促进的、相互补充的、完整的系统当中。

（三）增加法律继续教育的时间

对法律工作者来说，继续教育是一个很好的补充知识、提高技能的机会，单位应当减少法律工作者的工作时间，使其有更多的时间去接受法律继续教育，从而充实自己、发展自己。

节假日时间是最好的法律继续教育时间，现行的公休节假日时间比较分散，使得法律工作者的继续教育没有很好的连续性，国家应该明确法律工作者较长的节假日休息时间，使其充分利用这个时间来接受法律继续教育。同时，也可以制定出不同的节假日休息时间表，让法律工作者利用不同的时间来进行法律继续教育，从而加强对知识的更好理解和对技能的熟练掌握。

适当地延长法律继续教育的时间，使得法律工作者能在充足的时间内进行知识的学习和技术的训练，从而达到满意的效果。

（四）培养法律工作者的创新精神

法律继续教育的创新性大体有以下几种方法。

第一，对于书本上的规章、条文，不采取死记硬背的方法，可以通过记关键词、形象记忆的方法来进行理解、记忆，或者以自己习惯的方式来记忆，从而达到记忆的效果。

第二，对于法律实践环节，不单单是模仿指导教师的操作流程，也可以向指导教师提出自己的观点，并进行实际的操作，最终，通过指导教师的批评或肯定来判断方式的可行性。

第三，加强法律工作者之间的交流，对于某些问题，每个人都可以发表自己的见解，以小组为单位进行讨论，最终达成一致性，共同提出解决方案。针对不同类型的问题，可以借鉴类似问题的解决方法，来达到解决此问题的效果。

法律工作者创新精神的培养，既是法律继续教育的重要组成部分，也是法律继续教育能否很好进行的关键性因素，因此以创新的观点来解决问题就显得尤为重要。

参考文献

[1] 王崇敏，王琦．法学实践性教学与应用型法律人才培养 [M]．长春：吉林大学出版社，2011．

[2] 孙仲玲，耿明．法学教育教学改革探索 [M]．昆明：云南大学出版社，2012．

[3] 包玉秋．法学人才培养模式改革研究 [M]．北京：法律出版社，2013．

[4] 方照明．法学专业人才培养与教学法研究 [M]．北京：中国政法大学出版社，2013．

[5] 唐稷尧，陈驰．法学本科人才培养模式创新与课程教学改革 [M]．成都：四川大学出版社，2014．

[6] 郭广辉，王晓烁．卓越法律人才培养与法学教学改革 [M]．北京：中国检察出版社，2014．

[7] 唐波，张毅，鲁慧，等．自贸区建设背景下的法学教育改革 [M]．上海：上海人民出版社，2015．

[8] 邓和军．卓越法律人才教育培养的探索与实践 [M]．上海：上海交通大学出版社，2016．

[9] 杨力．中国法学教育的“系统集成”改革 [M]．上海：上海人民出版社，2016．

[10] 杨建广，郭天武．法学教学改革与卓越法律人才培养 [M]．北京：中国法制出版社，2016．

[11] 赵雪洁，刘军．法学教学模式研究 [M]．长春：东北师范大学出版社，2018．

[12] 屈茂辉．高水平大学卓越法律人才培养研究 [M]．广东：世界图书出版广东有限公司，2017．

[13] 强昌文，郑玉敏．法律人才培养模式探索 [M]．合肥：合肥工业大学出版社，2017．

[14] 吕世伦. 当代西方理论法学研究 [M]. 哈尔滨：黑龙江美术出版社，2018.
[15] 郑玉敏. 地方理工科大学法律人才培养模式创新研究 [M]. 合肥：合肥工业大学出版社，2018.
[16] 桂正华. 卓越法律人才教育理论与实践研究 [M]. 昆明：云南大学出版社，2018.
[17] 韩大元. 法学教育的人文精神 [M]. 北京：知识产权出版社，2018.
[18] 安静，李娜，向前，等. 民族高校卓越法律人才培养模式研究 [M]. 成都：西南交通大学出版社，2019.
[19] 戴小俊. 现代法学理论与实践研究 [M]. 长春：吉林人民出版社，2020.
[20] 蒋薇. 法治改革中法学教育的问题反思与完善路径 [J]. 延边教育学院学报，2019，33（6）：185-187.
[21] 赵呐. 实践性法律教学与法学教育改革思考 [J]. 教育现代化，2019，6（93）：57-58.
[22] 余桂芳. “互联网 +”时代下高校法学教学改革面临的挑战及对策 [J]. 法制博览，2019（32）：228-229.
[23] 粟一. 网络时代背景下高校法学教育改革的思考 [J]. 产业与科技论坛，2019，18（11）：185-186.
[24] 贾佳. 论德法兼修目标下的法学专业课堂教学改革 [J]. 辽宁警察学院学报，2019（5）：105-109.
[25] 鲍莹玉，王晓丽. 基于校院所合作模式下的法学专业实践教学改革研究 [J]. 广西科技师范学院学报，2019，34（3）：107-110.
[26] 肖纪连. 实践性法律教学与法学教育改革研究 [J]. 法制与社会，2020（23）：154-155.
[27] 李叶欣. OBE 理念下的高校法学专业实践教学改革 [J]. 科教导刊，2020（26）：31-32.